박항서 매직

베트남 축구의 신화!

박항서 매직 Magic

열정이 **일류**를 만든다

이태우 지음

BOOK STAR

박항서(朴恒緖, 1957~) 감독님을
끝까지 응원합니다!

프롤로그

도전하는데 나이는 중요하지 않다

예순.

당신에게 이 나이는 어떤 느낌으로 다가오는가? 100세 시대라고 하지만 60은 적은 나이가 아니다. 이미 세상을 살 만큼 살았다. 생각은 굳어지고 몸은 말을 잘 듣지 않는다. 도전보다는 안주, 시도보다는 안정을 추구하려고 한다. 무엇을 다시 시작하려는 마음을 먹기도 쉽지 않다.

그런데 '나이는 숫자에 불과하다'라는 말을 현실에서 보여준 사람이 있다. 그는 경남 산청이라는 시골에서 태어나 축구를 하고 싶어서 서울로 진학했다. 선수로 그다지 두각을 나타내지 못했다. 코치로도 눈에 띄는 지도력을 펼치지 못했다. 그러던 중 2002년 월드컵에서 코치로 세간의 주목을 받는다.

그것도 잠시, 몇 달 뒤 국가대표팀 감독을 맡지만 석 달 만에 물러난다. 하지만 그는 어려울 때 몸을 낮추고 실력을 쌓는다. 나이 어린 감독 밑에 코치로 들어간 후 몇 년 뒤 프로팀 감독을 맡는다. 다른 프로팀으로 또다시 프로 2부 리그 팀으로 자리를 옮긴다. 그는 한국에서 마지막으로 실업팀 감독을 맡는다. 나이는 어느새 환갑을 바라보고 있다. 이대로 지도자 생활을 마감할 것인지 아니면 새로운 길을 찾을 것인지 갈등한다.

2017년 9월 29일.

이날은 베트남 축구 국가대표팀 감독으로 계약한 날이다. 그는 새로운 길을 선택했다. 태어나 자랐고 축구 인생을 살았던 조국을 떠나 동남아의 낯선 나라로 갔다. 그는 베트남 대표팀 감독으로 부임한다. 처음에 베트남 언론과 팬들은 차가웠다. 하지만 자신만의 방식으로 선수들을 감싸며 하루하루 훈련에 매진했다.

부임 후 얼마 지나지 않아 출전하는 국제대회마다 믿어지지 않을 만한 결과를 만들어 낸다. 베트남 대표팀이 축구를 하는 날엔 남북으로 긴 베트남 전역은 대표팀을 응원하는 뜨거운 함성으로 가득 찼다. 베트남 국민들은 광장이든 음식점이든 사람이 모일 수 있는 곳이면 어디든지 모여서 대표팀을 응원한다. 베트남 대표팀은 1억 베트남 국민을 하나로 만들고 그들에게 자부심과 자긍심을 심어줬다.

베트남 대표팀은 이전과 같은 팀이 아니었다. 새롭고 강력해졌으며 승리하는 법을 알았다. 이렇게 1년 반 만에 베트남 대표팀을 완전히 바꾼 리더가 있다.

그는 바로 대한민국 출신의 박항서 감독이다.

박항서 감독이 불과 1년 반 만에 베트남 축구를 완전히 새롭게 바꿔 놓은 사건, 우리는 이것을 '박항서 매직'이라 부른다.

나는 지난해 여름부터 '박항서'라는 이름을 주목하기 시작했다. 당시 인도네시아 자카르타에서는 아시안게임이 벌어지고 있었다. 베트남은 8강에서 아시아의 강호 일본마저 꺾고 4강에 진출한다. 준결승에서 한국에 패해 결승 진출은 좌절됐지만, 그때부터 베트남의 돌풍은 단지 운이 아니라는 느낌이 들었다. 베트남을 이끌고 있는 박항서 감독이 어떤 인물인지 궁금해졌다. 그때부터 박 감독에 대해 관심을 가지고 알아가기 시작했다.

박 감독이 가지고 있는 무엇이 베트남 축구를 바꿨는지, 외국인 감독으로 어떻게 선수들에게 다가갔고 훈련시켰는지 궁금했다. 아무도 하지 못했던 베트남 대표팀의 극적인 변화의 요체는 무엇인지 알고 싶었다.

나는 현재 대한민국에서 40대로 살아가고 있다. 대한민국은 현재 성장기를 지나 안정기에 접어 든 나라다. 경제성장률이 연 3%도 되지 않는다. 젊은이들은 창업해서 새로운 가치를 만드는 일보다 공무원이나 공기업에 취업해 안정적인 생활을 하기 바란다. 나와 같은 40대와 그보다 나이가 많은 50대들에게 현재 대한민국의 상황은 결코 좋지 않다. 직장에서 일하지만 언제 떠나야 할지 모르고 자신의 사업체를 운영하더라도 불안해한다. 경기는 안 좋고 사회 분위기 또한 냉랭하다.

이런 시기에 박항서 감독은 환갑이 다 되어 새로운 기회에 도전했다. 그의 도전은 알 수 없는 것이었다. 기대와 설렘만 있지 않았다. 걱정과 두려움도 섞여 있었다. 하지만 박 감독은 특유의 능력으로 도전을 기회로 만들어 냈다. 누구도 예상하지 못한 결과를 만들며 베트남의 영웅이자 스승으로 존경받고 있다.

박 감독은 말한다.

“젊은 사람들만 도전하라는 법이 있습니까? 왜 나이 먹은 사람들은 도전하면 안 됩니까? 도전에 나이는 중요하지 않습니다.”

책을 쓰면서 박 감독의 삶을 통해 독자들의 가슴에 뜨거운 불을 지피고 싶었다. 또 독자들이 새로운 기회를 찾는 눈을 기르고 실제로 도전하길 원했다. 시인 새무얼 울만은 ‘청춘은 인생의 한 시절이 아니라 마음의 한 상태’라고 했다. 도전에 나이는 중요하지 않다. 오히려 나이가 들어서 하는 도전이 더 가치 있다. 나이가 들면 잘 도전하지 않기 때문이다.

이 책을 집어든 독자에게 감히 제안하고 싶다. 박항서 감독의 인생을 보면서 희망과 용기를 가져보라고, 지금 겪고 있는 어려움을 어떻게 하면 극복하고 앞으로 나아갈 수 있을지 생각하고 행동해보라고, 늘 생각만 하던 목표를 이루기 위해 다시 계획을 세우고 도전해보라고.

‘박항서 매직’이 당신의 삶에도 재현되길 간절히 바란다.

2019년 5월

저자 이태우

차례

프롤로그 _도전하는데 나이는 중요하지 않다 …… 6

❶ 베트남 최고의 선택 …… 14

은퇴를 앞둔 시점에서 …… 16
베트남 축구 국가대표팀 감독 …… 22
베트남 축구의 질이 달라지다 …… 27
베트남을 하나로 만들다 …… 34
박항서 매직(magic) …… 41
자랑스러운 한류스타 …… 48
기적은 지금부터 …… 54

❷ 왜 박항서인가 …… 64

베트남 언론의 차가운 시선 …… 66
감독의 자격 …… 71
선수들과의 소통 …… 78
철저한 준비 …… 85
'금성홍기'에 손을 얹다 …… 92
체력은 국력 …… 99
약팀을 강팀으로 …… 106

❸ 박항서 리더십 …… 114

스포트라이트 뒤에 감춰진 노력 …… 116
2002년을 기억하는가 …… 123
자존심을 뛰어넘는 열정 …… 130

축구 인생을 살다 ········ 135
절대 고개 숙이지 마라 ········ 142
아버지 리더십 ········ 149
One Team ········ 155

4 무엇을 배워야 하는가········ 164

내가 선택한 길 ········ 166
최고가 되기보다 최선을 다하다 ········ 172
나이에 불문하는 열정 ········ 179
현지의 문화를 존중하다 ········ 186
진심으로 다가가다 ········ 192
대기만성 ········ 199
이기기 위해 싸운다 ········ 206

5 Next, 박항서 매직 ········ 214

박항서 효과 ········ 216
도쿄 올림픽과 카타르 월드컵 ········ 223
박항서 감독의 행보 ········ 229
베트남 축구의 선진화 ········ 236
가까워진 대한민국과 베트남 ········ 243
베트남에 부는 스포츠 한류 ········ 250
미래 동반자, Korea & Vietnam ········ 256

에필로그_위기를 기회로 바꾸는 지혜 ········ 266

VINH QUANG VIỆT NAM

Chapter 1

베트남 최고의 선택

은퇴를 앞둔 시점에서
베트남 축구 국가대표팀 감독
베트남 축구의 질이 달라지다
베트남을 하나로 만들다
박항서 매직(magic)
자랑스러운 한류스타
기적은 지금부터

베트남 최고의 선택

'아시아 축구의 변방', 베트남 축구를 가리키는 말이다. 2017년 가을 무렵 베트남 축구협회는 베트남 축구 국가대표팀 감독 선임을 두고 고심하고 있었다. 베트남 축구 대표팀 감독은 '감독의 무덤'으로 불리는 자리였다. 짧은 기간 동안 많은 감독이 바뀌었다. 당시 베트남축구협회에서는 아시아 국가 감독을 찾고 있었다.

마침 국내 지도자 생활에 어려움을 느끼던 창원시청 축구팀의 박항서 감독은 동남아 지역에서 매니지먼트를 운영하는 이동준 대표에게 동남아에서 일할 자리가 있는지 알아봐 달라고 부탁했던 때였다. 이 대표는 베트남축구협회에 박 감독을 소개했다. 박 감독은 협회에 면접을 보러 간 자리에서, 자신은 작은 키로 선수 생활을 했기 때문에 체격이 외소한 베트남 선수들을 잘 이해하고 실력을 키울 수 있다고 강조했다. 협회는 박 감독을 베트남 축구 국가대표팀과 U-23 23세 이하 대표팀 감독에 선임했다.

베트남 언론은 박항서 감독의 베트남 부임 직후, '조는 사람'이라는 뜻의 'sleeping one'이라고 하면서 한국의 3부 실업팀 감독을 대표팀 감독으로 선임한 것에 대해 질타했다. 또 유럽 명문 구단의 감독을 선임하지 않았다고 협회를 비판했다.

하지만 이런 걱정은 기우였다. 박 감독은 부임 한 달 후 베트남 대표팀을 동남아 축구 최강 태국과의 경기에서 10년 만에 승리시키며 베트남 축구 열풍의 서막을 알린다. 이후 2018 아시아축구연맹AFC 23세 이하U-23 챔피언십 대회 준우승했고, 2018년 9월에 끝난 자카르타-팔렘방 아시안게임에서는 4강 신화를 썼다.

은퇴를 앞둔 시점에서

박항서 감독은 2016년 12월부터 베트남 대표팀을 맡기 직전인 2017년 9월까지 내셔널리그 창원시청 감독으로 일했다. 내셔널리그는 한국 프로축구에서 1, 2부를 통칭하는 K리그 다음의 3부 실업축구를 말한다. 박 감독은 창원시청을 맡기 전에는 프로팀인 상주 상무 감독으로 일했다. 1년 만에 프로팀에서 실업팀으로 자리를 옮긴 것이다. 우리 나이로 59세까지 창원시청 감독을 지냈다. 박 감독은 국내에서는 더 이상 일할 만한 자리가 없었고, 중심부에서 점점 외곽으로 밀려나고 있었다.

그는 2002년 한일월드컵 당시 수석코치를 맡아 조국 대한민국을 세계 4강으로 끌어올렸다. 거스 히딩크 감독과 선수들의 가교 역할을 훌륭히 해서 좋은 성적을 거두는 데 일조했다. 같은 해 부산에서 열린 아시안게임에서 대한민국 대표팀 감독을 맡아 동메달을 획득했다. 2005년부터는 K리그의 프로축구팀 경남FC, 전남 드래곤즈, 상주 상무 감독을 맡았다. 이후 창원시청 감독으로 부임했다. 국가대표팀에서 프로팀으로, 프로팀에서 다시 실업팀으로 옮겼다.

국가대표팀 감독에서 프로팀 감독을 맡는 것은 당연하다. 이전의 김호, 허정무, 차범근 등의 감독도 그랬다. 하지만 프로팀 감독을 맡다가 실업팀 감독을 맡기는 쉽지 않다. 그래도 월드컵에서 일조하고 잠시지만 국가대표팀을 이끌었던 박 감독이 아니었던가. 보통 감독 같았으면 이런 길을 가지 않았을 것이다. 하지만 박 감독은 축구만 할 수 있다면 국가대표팀이든 프로팀이든 실업팀이든 개의치 않았다.

이렇게 창원시청 감독을 거의 1년 가까이 맡았다. 박 감독은 본격적으로 프로팀 감독을 시작했던 경남FC 때부터 약팀을 잘 조련시켜 강팀으로 만드는 능력이 탁월했다. 창원시청은 박 감독의 이런 면을 높이 사서 감독에 선임했다. 박 감독 또한 구단의 기대에 적극 부응하기 위해 노력했다. 박 감독은 선수 개인보다는 집단을 강조한다. 선수로서 개인적인 역량은 뛰어나면 좋다. 그것보다 더 중요한 것이 있다. 팀에 왔을 때 자신의 플레이보다 팀플레이를 우선할 수 있느냐다. 박 감독은 창원시청에 있을 때부터 현재 베트남 대표팀에서 하고 있는 팀 운용과 훈련을 하고 있었다. 창원시청 감독때도 자상하게 선수들을 대했다. 생일을 맞은 선수에게 책을 선물했다. 책의 면지에 선수에게 바라는 바와 감사하다는 글을 적어 생일을 축하하고 격려했다. 또 선수들이 경기에서 부상당하지 않도록 각별히 신경 썼다. 경기가 끝난 후 부상 때문에 마사지나 물리치료를 받는 선수들에게 다가가 몸 상태와 안부를 물었다.

창원시청은 2017년 정규 리그 전반기를 4위로 마쳤다. 박 감독 부임 6개월 만인 2017년 6월에는 2017 내셔널축구선수권대회에서 우승컵을 들어올렸다. 창원시청의 내셔널리그 우승은 2006년 이후 11년 만으로 통산 두 번째였다. 창원시청은 결승전에서 천안시청에 2대 2로 비기며 경기를 마쳤다. 이후 승부차기에서 4대 3으로 승리하며 짜릿한 우승을 경험했다. 그리고 같은 해 10월 충주에서 열린 제98회 전국체육대회에서 우승하며 금메달을 획득했다. 결승전에서는 박항서 감독이 베트남 국가대표팀 감독으로 선임되어, 최영근 수석코치가 팀을 이끌고 K3리그 전주시민축구단을 꺾었다. 창원시청의 전국체전 우승은 창단 후 처음이었다.

환갑을 앞둔 국내 실업팀 감독이었던 박항서. 우리나라에서는 축구뿐만 아니라 다른 분야에서도 40대 중반부터 회사를 나오기 시작한다. 물론 정년은 60세지만, 정년을 채우고 퇴직하는 직장인은 손에 꼽을 정도다. 박항서 감독은 국내에서 점점 자신이 설 자리가 좁아지고 있음을 느꼈다. 현재 한국 축구계에서는 젊고 유능한 지도자들을 선호한다. 박 감독의 동년배들 대부분은 지휘봉을 놓은 상황이었다.

그래서 그는 DJ매니지먼트 이동준 대표에게 동남아 쪽에 자리가 있는지 알아봐 달라고 연락했다. 이 대표가 동남아 쪽으로는 잘 알고 있었기 때문이다. 이동준 대표는 베트남 축구협회로부터 베트남 축구 대표팀을 맡을 괜찮은 감독이 있는지 알아봐 달라는 요청을 받았다. 그때 박항서 감독이 바로 떠올랐다고 한다.

이동준 대표의 추천으로 박항서 감독은 베트남 축구 대표팀에 지원했다. 축구협회에 면접을 보러 간 자리에서, 자신은 작은 키로 선수 생활을 했기 때문에 자신과 비슷한 작은 체구의 베트남 선수들의 실력을 향상시킬 수 있다고 자신 있게 어필했다. 베트남축구협회는 박항서 감독을 국가대표팀과 U-23 대표팀 감독으로 선임했다. 그 이유는 2002년 월드컵에서 히딩크 감독과 함께 대한민국 축구팀을 세계 4강에 올려놓았고, 아시아 최고 리그인 K리그에서 프로팀을 오랫동안 맡아 지도한 경력을 인정했기 때문이다. 박 감독은 베트남 대표팀으로 부임하며, '내 인생의 마지막 기회라고 생각하고 그동안 축구를 하면서 쌓아 온 모든 지식과 기술을 베트남에 쏟아붓겠다' 는 각오를 밝혔다.

평생 축구만 하던 사람은 은퇴를 목전에 둔 상황에서 어떤 생각을 했을까? 자신이 생각하던 멋진 팀을 만들어 게임마다 원하는 플레이를 펼치며 승승장구하는 모습을 그리지는 않았을까. 한 게임 한 게임 이기고 나아가 어떤 대회에서는 우승까지 하는 값진 수확을 올리고 싶지는 않았을까. 한편으로는 더 이상 갈 곳이 없다는 생각에 그동안 해왔던 축구에 대한 회한이 밀려오지는 않았을까. 또 이대로 실업팀 감독으로 계속 있다가 몇 년 후에는 자연스럽게 팀을 떠나야 한다는 불안감이 들지는 않았을까.

현역에 있으면서 오랫동안 팀을 이끌며 선수들과 하나 된 팀워크로 다양한 대회를 치루며 값진 경험을 하고 싶은 것이 노장의 바람이었을 것이다. 하지만 젊고 실력 있는 지도자를 선호하는 국내 상황에서 이것은 쉽지 않은 일이다. 축구뿐만 아니라 우리나라에서는 다른 분야에서도 젊고 실력 있는 인재를 좋아한다. 조금만 나이가 있어도 자신의 능력을 펼칠 기회를 얻기가 힘들다. 이런 사회의 전반적인 분위기가 바뀌면 좋겠다. 그래야 나이와 관계없이 실력 있는 전문가들이 일할 수 있는 기회가 늘어나고, 그들의 숨은 노하우를 통해 많은 조직과 개인이 혜택받을것이다.

역경은 죽기 살기로 노력하고 인내하도록 등을 떠밀고, 다른 때 같으면 잠자고 있었을 재능과 능력을 일깨워주는 최고의 동반자이다.

-새무얼 스마일즈, 영국의 저술가

박항서 감독에게 나이는 거스를 수 없는 흐름이었다. 그것은 박 감독 혼자에게만 해당되는 것이 아니라 동년배들에게도 모두 적용되는 공평한 것이었다. 그는 가만있지 않았다. 중심에서 주변부로 점점 밀려나는 자신을 보고만 있지 않았다. '동남아시아'라는 기회의 땅을 머릿속으로 그리고 있었다. 생각만 하고 있었던 것이 아니라, 지인을 통해 자리가 있는지 알아봐 달라고 적극적으로 움직였다. 운 좋게 베트남이라는 기회가 왔다. 박 감독 또한 이미 준비되어 있었다. 기회가 왔을 때 박 감독은 주저하지 않았다. 베트남행 비행기에 몸을 실었다.

사실 베트남 축구 국가대표팀 감독이라는 자리는 베트남보다 박 감독에게 기회였다. 지금은 '박항서 매직, 박항서 마법' 등으로 베트남 전역이 들썩거리고 있지만, 박 감독은 더는 갈 곳이 없었다. 그래서인지 박 감독은 베트남에서 그동안 축구 인생에서 배우고 겪은 모든 것들을 쏟아붓고 있다. 베트남 대표팀 감독으로 부임하며 공식 인터뷰를 했던 취임 일성을 그대로 지켜나가고 있다. 초심을 잃지 않고 뚜벅뚜벅 걸어가고 있다.

'잊혀진다는 것', 사람은 이것을 가장 두려워한다. 정상에 서 본 사람은 더욱 그렇다. 계속 현역에서 자신의 길을 걸어가고자 한다. 그런데 기회가 온다면, 불확실성이 크지만 그런 기회가 주어진다면 기꺼이 그 길을 갈 것이다. 박 감독에게 베트남은 기회였다. 행운의 여신이 박 감독에게 손을 내민 것이다. 그는 한국이라는 제1의 조국을 떠나 베트남이라는 제2의 조국에서 새로운 역사를 쓰고 있다. 그가 베트남 선수들과 써 내려가고 있는 역사는 지금부터 시작이다. 무엇을 바라지 않는 자세와 뜨거운 열정으로 하나 된 팀을 만들기 위해 완성도를 높여가는 그의 행보가 기대된다.

베트남 축구 국가대표팀 감독

'감독들의 무덤!'

베트남 축구 국가대표팀 감독 자리를 두고 하는 말이다. 베트남 대표팀 감독은 1995년 이후 무려 여덟 명의 외국인 감독이 거쳐 갔다. 여덟 명의 감독이 짧게는 일 년 길게는 4년까지 대표팀을 이끌었다. 한 명의 감독이 대표팀을 여러 번 맡은 적도 있었다. 최근 일본인 미우라 토시야 감독이 경질됐다. 베트남의 황금세대를 이끌고도 브라질 리우 올림픽 조별 예선에서 탈락했기 때문이다.

국가대표팀 감독은 어느 나라든 능력 있는 외국 감독이 많이 맡는 자리다. 하지만 결과가 안 좋으면 6개월이나 1년 만에 경질되기도 한다. 2002년 월드컵 당시 대한민국을 세계 4강에 올려놓은 히딩크 감독은 외국인 감독으로 드물게 성공한 경우다. 외국인 감독들은 맡은 나라의 선수들과 잘 소통하지 못하고, 맡은 나라의 문화에도 동화되지 못해 기대 이하의 성적을 거두고 쓸쓸히 돌아가는 경우가 많다.

박항서 감독은 베트남 대표팀으로 가면서 성적이 좋지 않을 경우 언제라도 물러나야 한다는 사실을 잘 알고 있었다. 국내에서 더는 프로팀을 맡을 수 없어 동남아시아로 진출한 상황이었지만, 그가 가야 할 길이 꽃길만은 아니었다. 베트남으로 간다는 것 자체가 하나의 결단이요 도전이었다.

특히 베트남 축구대표팀은 유소년 팀부터 장기간 투자한 역사상 가장 강하다는 황금세대가 주축이었다. 이전 감독의 경질 사유가 유능한 선수들을 데리고도 좋은 실적을 내지 못했다는 것을 박 감독은 알고 있었다. 국가대표팀 감독에게는 큰 대회에서의 좋은 성적이 무엇보다 중요했다. 박 감독은 이 부분에 대한 부담감을 잘 알고 있었고, 그 부담감을 즐길 수 있는 경험과 실력 또한 갖고 있었다.

박 감독의 베트남 행은 결코 쉬운 결정은 아니었다. 환갑을 바라보는 나이, 한국에서는 더 이상 자신을 불러주지 않을 것이라는 실망감, 계속 머물러도 기회가 오지 않을 것이라는 불안감 등 여러 가지 감정이 겹쳤을 것이다. 하지만 그는 주저하지 않았다. 먼저 동남아시아의 문을 두드렸고, 러브콜이 오자 비행기에 올랐다.

박 감독은 베트남 대표팀을 맡기 전에 이미 준비되어 있었다. 2005년 신생팀 경남FC와 2016년 실업팀 창원시청을 맡아 약팀을 강팀으로 만든 경험을 가지고 있었다. 그는 팀이 하나되어 유기적이고 재미있는 플레이를 하는 축구를 지향한다. 개인적으로 부족한 선수가 모인 팀을 강하게 만드는 그만의 노하우가 있었다. 그는 따뜻하게 선수들을 배려하고 존중했으며 믿었다. 형님 리더십, 아버지 리더십은 이미 국내에 있을 때부터 시작되었다.

박항서 감독은 2017년 9월 29일 베트남축구협회와 베트남 국가대표팀의 감독 계약서에 사인했다. 성인 대표팀과 U-23 23세 이하 대표팀을 겸직하는 감독이었다. 박 감독은 자신에게 주어진 마지막 기회라고 생각하고, 자신이 가지고 있는 모든 것을 베트남 축구 발전을 위해 후회 없이 쏟아붓겠다는 각오를 밝혔다.

박 감독의 부임 직후 베트남 언론의 분위기는 지금과 달리 차가웠다. 박 감독을 '조는 사람'이라는 뜻의 '슬리핑 원Sleeping one'이라며 부정적으로 봤다. 박 감독이 2014년 3월 K리그의 상주 상무 감독을 맡았을 때 전북과의 경기가 무득점인 상황에서 잠시 눈을 감고 앉아 있는 모습이 카메라에 잡혔다. 그걸 베트남 언론이 비꼰 것이다. 아시아 출신의 프로팀도 아닌 3부 리그 감독을 데리고 온 것에 대한 불만이었다. 또한, 유럽의 명장을 데리고 오지 않았다는 비판도 했다.

박 감독이 부임하기 전의 베트남 대표팀은 잠재력에 비해 실력 발휘를 못 하고 있었다. 베트남은 아직까지 월드컵 본선에 나가지 못했다. 오래전인 1962년 아시안게임에서 4위를 차지했다. 동남아 4개국 공동 개최로 열린 2007년 AFC 아시안컵에서 개최국으로 8강에 진출한 것이 최고 성적이다. 2017년 11월 기준 FIFA 랭킹은 125위였다.

박 감독은 베트남 대표팀을 맡아 비장한 각오로 감독직을 수행했다. 베트남 대표팀의 전력 극대화를 위해 무엇을 어떻게 해야 하는지 많은 준비를 했다. 박 감독은 베트남 대표팀을 실용적인 축구, 지지 않는 축구를 통해 강팀으로 만들겠다는 의지를 다졌다. 먼저 정신력을 강조했다. 박 감독은 경기 전 베트남 선수들에게 "우리는 베트남 선수들이다. 우리의 실력을 증명해라."라며 베트남 정신을 강조했다.

베트남은 프랑스, 미국이라는 강대국과의 두 번의 전쟁에서 승리한 저력이 있다. 베트남 국민들은 자존심이 세고 잘 지지 않으려는 성격을 갖고 있다. 투지와 의지를 가지고 끝까지 싸우는 것이 베트남 정신이다. 베트남 선수들 역시 베트남인이다. 박 감독은 베트남 선수들에게 이런 베트남 정신을 강조한 것이다. 박 감독의 주문 때문이었을까. 베트남 대표팀 선수들은 이전과는 달리 박 감독 부임 이후에는 어떤 경기에서든 쉽게 무너지지 않았다. 끝까지 싸우겠다는 투지를 상대 선수들과 베트남 국민들에게 보여 줬다.

박 감독은 정신력과 함께 체력 또한 신경썼다. 그는 베트남 선수들에 대한 자료를 분석해서 체력이 부족하다고 판단했다. 그래서 단백질 위주의 식사를 하게 했다. 한편 웨이트 트레이닝으로 체력을 강화하려고 노력했다. 키가 작고 외소한 체구의 선수들의 체격을 체력으로 극복하고자 한 것이다. 또한, 선수들이 경기 시작 70분 이후 체력이 급격히 떨어지는 것을 파악하고, 연습 시간 자체를 경기 시간인 90분을 훨씬 초과하는 120분으로 늘렸다. 이렇게 식단 변화와 근력 운동 그리고 오랜 시간 동안의 연습경기로 꾸준히 노력한 결과, 선수들은 90분 경기 내내 왕성하게 그라운드를 누비고 다녔다.

한편 박 감독은 베트남 선수들과 격의 없이 친해지려고 노력했다. 감독이 직접 선수들과 몸을 부대끼고 호흡하며 연습경기를 했다. 경기를 마치고 몸이 안 좋거나 부상당한 선수를 찾아가 직접 마사지하기도 했다. 어떤 선수에게는 자신의 성씨인 박씨로 바꾸라는 농담을 했고, 또 어떤 선수에게는 내 아들이라며 스스럼없이 대했다.

이런 박 감독의 열정과 노력 때문이었을까. 2017년 12월, 베트남은 박 감독 부임 두 달 후 벌어진 라이벌 태국과의 경기에서 승리했다. '박항서 매직'의 시작을 알리는 순간이었다.

'한쪽 문이 닫히면 다른 쪽 문이 열린다'는 말이 있다. 박 감독에게 딱 어울리는 문장이다. 그는 급하고 올곧은 성격 때문에 좋은 성과를 내고서도 구단과의 갈등 때문에 번번이 프로팀 감독에서 물러나야 했다. 선수들과는 좋은 관계를 유지하며 약팀을 강팀으로 만드는 놀라운 능력을 보여줬지만, 구단과의 관계에서는 아쉬운 점이 있었다.

박 감독에게는 베트남이라는 다른 쪽 문이 열렸다. 누구에게나 다른 쪽 문이 열리지는 않는다. 그는 운이 좋은 사람이다. 그는 요즘 물 만난 고기처럼 펄떡이며 자유자재로 물속을 헤엄친다. 자신의 뜻을 선수들을 통해 마음껏 펼쳐나가고 있다. 투지 넘치는 베트남 대표팀 선수들의 플레이에서 그의 열정이 느껴진다. 선수들의 슛이 아쉽게 골문을 벗어나면 안타까워 발을 동동 구른다. 선수들이 찰떡 호흡으로 골을 넣으면 어퍼컷을 날리며 포효한다. 그의 이런 모습 하나하나가 새로운 베트남 축구 역사의 시작이다.

베트남 축구의 질이 달라지다

베트남 대표팀의 역사는 박항서 감독 이전과 이후로 나뉜다. 박 감독 부임 전 베트남 축구는 패배감에 젖어 있었다. 강팀과의 경기에서 지는 것은 당연했으며, 조금만 실력을 발휘하면 꺾을 수 있는 팀에게도 번번이 패했다. 상대적으로 작은 체격이 게임에서의 약점이라고 생각할 뿐 그것이 가진 장점을 게임에서 십분 발휘하지 못했다. 스피드, 지구력, 투지와 같은 축구에서 승리를 결정하는 중요한 포인트들을 놓치고 있었다.

박 감독은 부임 후 선수들의 가장 시급한 문제가 약한 체력이라고 진단하고, 강한 체력을 만들기 위한 방법을 찾았다. 마치 2002년 월드컵 당시 대한민국 대표팀의 문제가 체력이라고 진단한 거스 히딩크 감독과 같은 맥락이었다. 박 감독은 체력을 끌어올리기 위해 영양과 운동에 집중했다. 식단은 쌀국수를 비롯한 기존 베트남 음식에 단백질이 풍부한 돼지고기와 닭고기 그리고 우유를 함께 섭취하도록 바꿨다. 또한, 원반형 쇳덩이를 들고 허리를 좌우로 돌리는 운동으로 상체 근력을 강화했다.

박항서 감독의 축구 철학은 '지지 않는 게임을 한다'는 것이다. 즉 이기는 게임을 하는 실용 축구, 실리 축구를 지향한다. 박 감독 부임 후 베트남 축구 대표팀은 확실히 달라졌다. 먼저 질식 수비로 불릴 만큼 탄탄한 수비력을 갖췄다. 수비수 세 명이 방어하는 쓰리백에서 많게는 네 명까지 가담하는 포백까지 구사하며, 상대 공격수가 공격할 의지를 상실할 정도로 뚫리지 않는 방패가 무엇인지 보여 주고 있다. 이런 강력한 수비력을 바탕으로 베트남 대표팀은 2018년 12월 11일에는 국가대표팀 간의 경기인 A매치에서 15게임 무패 행진을 기록했다.

또 미드필더부터 상대를 강하게 압박하는 축구로 팀 스타일이 변했다. 이것은 강한 체력과 정신력이 뒷받침될 때 펼칠 수 있는 플레이다. 그리고 수비 지역부터 짧은 패스를 주고받으며 미드필드를 거쳐 세밀한 플레이를 펼치는 세련된 축구를 구사하고 있다. 현재 동남아시아 국가 가운데는 가장 정교한 플레이를 하고 있다.

박 감독은 어린 베트남 선수들에게 경기 전 항상 '베트남 정신'을 강조한다. 라커룸에서 "너희들은 베트남 사람이다. 그걸 경기에서 보여 주라."라고 주문한다. 이 말을 들은 선수들은 자신과 나라에 대한 자긍심과 자신감을 갖고 경기에 임한다.

2018년 초에 열린 아시아축구연맹AFC 23세 이하U-23 챔피언십 대회 결승전에서, 베트남은 우즈베키스탄과 우승컵을 두고 한판 대결을 벌였다. 장소는 중국 창저우 올림픽 스포츠센터. 경기장에는 함박눈이 펄펄 내리고 있었다. 베트남은 위도가 낮은 열대지방의 나라다.

대표팀 선수들 중 평생 눈을 본 선수는 두 명 정도밖에 없었다. 선수들에게 눈 오는 날의 축구는 낯설었다. 날씨가 베트남 대표팀에게는 악조건이었다. 하지만 박 감독은 개의치 않았다. 눈이 오는 것은 오는 것이고, 우리는 베트남 정신으로 경기에 최선을 다하겠다고 인터뷰했다.

결승전에서 베트남은 종료 직전 아쉽게 골을 내줘 1-2로 패했다. 우즈베키스탄은 전반 7분에 얻은 코너킥을 골로 만들며 앞서갔다. 선제골을 빼앗긴 후 이를 만회하기 위해 시종일관 밀어붙이던 베트남은 전반 41분 골대 정면 페널티 아크 바깥쪽에서 얻은 프리킥을 꽝 하이 선수가 그림 같은 킥을 성공시키며 동점골을 만들었다. 박항서 감독은 환호했고 브라운관으로 경기를 지켜보던 베트남 전역은 들썩였다. 하지만 베트남은 연장전 후반 종료 직전에 결승골을 허용하고 말았다.

스코어에서는 졌지만 실제 경기에서는 지지 않았다. 처음 접하는 눈이 내리는 날씨에서도 선수들은 자신감 있게 플레이했다. 90분 내내 모든 선수가 지치지 않는 체력으로 경기를 지배했다. 베트남 정신을 보여준 것이다. 감독이 경기 전 강조했던 것을 선수들이 그라운드에서 표현해냈다. 이로써 베트남은 2018 아시아축구연맹AFC 23세 이하U-23 챔피언십 대회 준우승을 차지했다. 동남아시아 국가 중 U-23 대회 결승에 진출한 것은 베트남이 처음이었다. 박항서 감독은 베트남 정부로부터 3급 노동훈장을 받았다.

베트남 축구는 확실히 달라졌다. 무엇보다 할 수 있다는 자신감이

였보인다. 패하더라도 그냥 쉽게 무너지지 않는다. 경기 결과에서 지더라도 게임에서는 이기는 경기를 지향한다. 이런 변화는 박항서 감독 부임 후 나타났다. 실력 있는 선수들이 국가대표팀에 있었다. 박 감독은 팀의 조직력을 극대화하는데 포인트를 맞췄다. 선수 개개인보다는 팀 전체를 중요시했다.

박 감독이 대표팀 선수를 뽑을 때 중요한 기준이 있다. 그것은 '사회성'이다. 개인기가 뛰어난 선수는 우수하다. 그런데 이 선수가 팀플레이를 우선하느냐를 본다. 즉 개인플레이를 팀플레이보다 중요시하는 선수들은 베트남 대표팀에 들어오기 어렵다. 그래서였을까. 박 감독 부임 이후 베트남 팀은 뛰어난 실력으로 많은 골을 넣는 선수는 찾아보기 어렵지만, 세트 피스나 패스에 의한 팀플레이로 전체 선수가 하나의 팀으로 움직인다는 느낌을 줬다. 이것이 베트남 축구가 가장 많이 달라진 점이다.

박 감독이 베트남 대표팀을 맡기 전에도 많은 감독이 대표팀을 지도했다. 하지만 그들은 눈에 띌만한 변화를 만들지 못했다. 그런데 박 감독은 놀랄만한 변화를 끌어냈다. 이것은 이 책 전체에서 가장 중요하게 다룰 내용이기도 하다. 그 이유는 무엇일까?

무엇보다 박 감독이 이전 감독들과 달랐던 점은 '진정성'이다. 정말 리더가 중요하다는 생각이 들었다. 누가 팀을 맡느냐에 따라 팀의 성격과 체질이 달라진다. 베트남 축구 선수의 실력은 국가대표 정도 되면 거의 비슷하다고 본다. 그날 컨디션에 따라서 좀 더 잘하는 선수가 있고 그렇지 않은 선수도 있을 것이다. 핵심은 리더다. 리더십이다.

감독이 비슷한 자원을 가지고 어떤 팀을 만드느냐이다. 혼자만의 힘으로는 부족하다. 운도 따라줘야 하고, 박 감독을 선택한 베트남축구협회의 전폭적인 지원과 코칭스태프와의 원활한 의사소통, 또 선수들과의 신뢰 등 모든 부분이 잘 맞아야 한다.

그는 '마지막'이라는 생각을 갖고 베트남으로 왔다. 그동안의 축구인생에서 알게 된 노하우와 경험을 베트남 축구 발전에 이바지하기 위해 베트남 대표팀을 맡았다. 그런 진심 때문이었을까. 확실히 박항서 감독의 베트남 대표팀은 달라졌다.

베트남 국내 언론뿐만 아니라 외국 언론 그리고 베트남 축구를 사랑하고 아끼는 팬들 모두 베트남 축구의 변화를 실감하고 있다. 최근 2018 아세안축구연맹AFF 스즈키컵 준결승과 결승 경기를 직접 본 필자의 눈에도 베트남 축구의 변화가 느껴졌다.

승리하는 축구, 이기는 축구, 90분 내내 살아 있는 축구! 지루하게 상대에게 끌려다니는 것이 아니라, 주도권을 갖는 축구. 모든 선수가 유기적으로 하나 되는 축구. 상대팀에게 리드당하고 있더라도 기죽지 않고 자신의 플레이를 펼치는 축구.

박 감독이 베트남 대표팀을 맡은 지 1년 반 정도가 된다. 그 사이 베트남 대표팀의 변화는 눈부시다. 이 변화는 성과, 즉 경기 결과로 나타났다. 베트남 국민은 열광했다. 남북으로 긴 베트남 전역은 대표팀의 축구가 시작되면 열기와 기대로 하나된다. 사람이 모일 수 있는 광장에는 많은 인파가 모여 대형 스크린을 보며 대표팀을 응원한다. 마치 2002년 월드컵 당시 우리나라의 분위기와 흡사하다. 16년이라는 시차를 두고 축구에 대한 열기가 대한민국에서 베트남으로 평행이동한 것 같은 착각마저 든다.

2018년 가을 베트남 언론에서는 '스승'이라는 존경의 의미로 앞으로 박 감독을 '박 선생님'이라고 호칭하기로 했다. 지금까지 베트남 대표팀 감독 중 누구도 들어보지 못한 자랑스러운 칭호다. 그만큼 짧은 기간 동안 베트남에 자신의 축구 인생에서 겪은 모든 것을 쏟아부어 좋은 결과를 만들었기 때문이다.

단언컨대 위대한 사람은 때로는 역경을 반긴다. 신은 자신이 인정하고 사랑하는 자들에게 역경을 주어 단련시키고 시험하고 훈련시킨다. 불운을 당해보지 않은 사람만큼 불행한 사람은 없다. 불은 금을 단련하고, 불행은 용감한 자들을 단련시킨다.

– 세네카, 로마 시대의 철학자

박항서 감독은 국내에 있을 때 지도자로서 많은 역경을 겪었다. 2002년 아시안게임 국가대표팀 감독으로 월드컵 전사들을 데리고 금메달을 따지 못했다며 석 달 만에 경질됐다. 이듬해에는 포항 스틸러스에 자신보다 나이가 적은 최순호 감독 밑으로 들어가서 수석코치를 맡았다. 또 경남FC, 전남 드래곤즈, 상주 상무 감독을 맡으면서 좋은 성적을 냈지만 구단과의 갈등으로 조기 하차했다.

박 감독은 많은 마음고생을 했다. 하지만 한편으로는 이런 시련들이 그를 단단하게 만들었다. 환갑을 바라보는 나이에 실업팀 창원시청을 맡아서 마지막 열정을 불사르던 차에, 그에게는 베트남 티켓이라는 위험하지만 도전해볼 만한 기회가 왔다. 그는 베트남에서 그동안 국내에서 보여 주지 못한 한을 풀어내기라도 하듯, 시원하고 통쾌한 플레이를 마음껏 발산하고 있다. 주목할 만한 것은 그의 리더십이 지금부터 표현되고 있다는 것이다. 박항서 베트남호의 도전은 지금부터 시작이다.

베트남을 하나로 만들다

베트남은 우리나라처럼 남북이 분단된 역사를 갖고 있다. 프랑스와 미국과의 전쟁을 승리로 이끌며 냉전 이후 첫 분단국가의 통일이자 공산 통일을 이루었다. 1945년 2차 대전에서 일본은 미국을 중심으로 한 연합국에 항복한다. 2차 대전에서 패망한 일본군은 베트남에서 물러간다. 이때 베트남 북부는 호치민이 이끄는 월맹, 즉 베트민이 장악하여 북베트남을 세운다. 이것이 베트남 민주공화국이다. 이듬해인 1946년 베트남 남부에는 이전에 베트남을 식민 지배한 프랑스가 베트남국을 세워 장악하려 했다. 프랑스는 북베트남과 제1차 인도차이나 전쟁을 일으키지만 실패하고 제네바협정을 맺고 베트남에서 손을 뗀다. 이것 때문에 베트남은 북위 17도를 경계로 남북으로 분단된다.

1955년에는 베트남국에서 쿠데타가 일어났다. 국민투표를 통해 왕정이 폐지되고 베트남공화국이 선포된다. 그러자 베트콩을 중심으로 공산주의 테러 조직들이 날뛰었고 북베트남의 지원을 받아 세력을 확장했다. 이에 남베트남은 북베트남과 군사 충돌을 자주 일으켰다. 미국은 냉전 시기 베트남의 공산화에 위협을 느껴, 1964년 북베트남

어뢰정이 자국 구축함을 공격한 '통킹만 사건'을 계기로 북베트남과의 전쟁에 돌입한다. 월남전이 본격적으로 시작되었다.

북베트남은 남베트남과 미국에 베트콩을 이용한 게릴라전을 펼쳤다. 북베트남은 1968년 베트콩이 설날 남베트남의 주요 도시와 시설을 기습 공격한 테트 공세 이후 밀렸지만, 고엽제와 네이팜탄 사용으로 국제 여론이 악화된 미국은 베트남 전쟁에서 서서히 발을 떼기 시작한다.

1973년 미국이 완전히 손을 떼자 북베트남은 남베트남을 강하게 밀어붙였다. 결국 1975년 4월 30일, 당시 남베트남의 수도인 사이공현 호치민이 함락되었다. 1976년 7월 베트남은 마침내 통일되어 베트남 사회주의 공화국을 수립했다. 베트남은 분단 21년 만에 공산 세력이 지배하는 남북통일을 이루었다. 미국이 개입한 남・북 간의 전쟁이라는 큰 상처가 있었지만 하나가 되었다.

전쟁은 무력을 통해 수많은 사람의 목숨을 앗아가며 베트남을 하나로 만들었다. 이와는 대조적으로 피 한 방울 흘리지 않고 베트남을 하나로 만든 것이 있다. 그것은 바로 축구다. 축구는 둥근 공 하나로 1억 명에 가까운 베트남 국민을 하나로 만들었다. 베트남을 축구로 하나로 만드는데 결정적인 역할을 한 사람이 있다. 바로 대한민국 출신의 박항서 감독이다. 또 대표팀 선수들과 코칭스태프들도 그 주역이다. 2018년 베트남은 통일 이후 다시 하나가 되었다.

축구 대표팀의 경기가 있는 날이면 사람이 모일 수 있는 광장에는 발 디딜 틈 없이 많은 인파가 몰려나온다. 아예 퇴근을 광장으로 하는 사람들도 있었다. 대표팀에 대한 열기는 2018년 초 열린 아시아축구 연맹AFC 23세 이하U-23 챔피언십 대회부터 시작되었다. 한국 출신의 감독이 지난해 가을부터 대표팀을 맡아, 자신들이 알고 있던 팀과는 완전히 다른 팀으로 만들고 연전연승을 올리는 강팀으로 만들었다.

국민들은 광장에 설치된 대형 브라운관 앞으로 삼삼오오 모여들었다. 흡사 2002년 월드컵 당시 대한민국을 보는 것과 같았다. 예선전을 통과하고 8강과 4강에서 연장전을 거쳐 승부차기에서 극적으로 승리하며 결승까지 진출하는 대표팀을 보는 국민들의 가슴속은 뜨겁게 달아올랐다. 날카로운 킥이 돋보이는 꽝 하이 선수의 프리킥이 상대 팀 골문에 들어가면 남녀노소 할 것 없이 1억 베트남 국민들은 흥분을 감추지 못하고 뛰었고 남북으로 긴 베트남 국토는 출렁거렸다.

팬들은 짧은 시간에 대표팀을 새롭게 바꾼 박 감독의 사진과 그림을 들고 나와 "박항서!, 박항서!"를 연신외치기도 했다. 베트남 현지에서는 배우 송중기, 이민호 등 한류스타보다 박 감독이 더 좋다는 사람들도 있었다. U-23 대회에서 준우승한 축구 대표팀을 보기 위해 공항은 팬들로 인산인해를 이루었다. 박 감독과 선수들, 코칭스태프는 카퍼레이드를 했다. 선수단 차량 주위로는 오토바이를 비롯한 수많은 축구팬이 베트남 국기인 금성홍기와 박 감독의 사진을 들고 뒤따랐다.

또 아시안게임에서 4강 신화를 쓴 후 귀국하는 대표팀을 위해 베트남 하노이 공항에서는 특별한 장면이 연출됐다. 비행기에서 내리는 선수단을 소방차 두 대가 활주로 양쪽에서 물대포로 사열한 것이다. 아시안게임에서 선전한 선수단을 환영하는 특별한 퍼포먼스였다. 선수단을 실은 특별기가 도착하자 영화제에서나 볼 수 있는 레드 카펫이 깔렸다. 이런 특별한 환영은 박 감독과 대표팀이 축구로 베트남을 하나로 만들고 국민들의 가슴에 자신감과 자긍심을 심어줬기 때문이다.

필자는 2002년 월드컵에서 대한민국 축구를 보며 가슴이 뜨거웠다. 예선 1차전에서 폴란드를 2-0으로 이기고 월드컵 사상 첫 승을 거두었을 때는 기뻐 뛰었다. 2차전에서 미국과 1-1로 비겼을 때는 16강이라는 목표가 눈앞에 다가옴을 느꼈다. 루이스 피구라는 걸출한 스타가 있는 포르투갈과의 3차전에서는, 이영표의 롱 패스를 받은 박지성이 가슴 트래핑에 이은 논스톱 슛으로 시원한 골을 넣으며 1-0으로 승리하며 못할 것이 없다는 것을 보여 줬다.

16강에 간 것도 좋았지만 무엇보다 붉은 유니폼을 입고 친구와 옆 사람과 하나가 된 것이 더없이 좋았다. 90분 내내 우리 팀을 응원했고 골이 들어가면 기뻐서 뛰었고, 실수나 아쉬운 플레이로 골을 내 줄때면 아쉬운 탄식을 자아냈다. 승패와 관계없이 후회 없는 플레이로 경기를 지배하는 우리 대표팀을 응원했다. 내가 대한민국 사람이라는 것이, 옆 사람도 대한민국 사람이라는 것이, 여기가 대한민국이라는 것이 너무 좋았다.

2002년 한일월드컵에서의 대한민국의 함성과 열기와 하나 됨이 2018년 베트남에서 재현되고 있다. 그 중심에 대한민국의 박항서 감독이 있다. 이 열기는 쉽게 식지 않을 것 같다. 왜냐하면, 박 감독에 대한 베트남 선수들과 언론의 믿음이 강하기 때문이다. 신용이 전부라고 했던가! 리더가 신뢰를 얻으면, 그것이 확고하다면 그 팀의 사기는 높고 성과도 좋다. 지금 베트남 대표팀이 그렇다.

지난해 12월 11일 말레이시아 쿠알라룸푸르에서 열린 아세안축구연맹AFF 스즈키컵 결승 1차전에서 박 감독은 모험을 감행했다. 8만 명이 넘는 말레이시아 팬들이 일방적으로 응원하는 원정 경기에서 주전 공격수 대신 다른 선수들을 기용한 것이다. 2차전이 벌어지는 홈경기를 승부처라 보고 세운 전략이었다. 전략은 들어맞았다. 기용된 선수들은 박 감독의 기대에 부응이라도 하듯 골로 보답했다.

전반 23분 후이 홍 선수는 왼쪽 측면에서 판 반득 선수의 크로스를 받아 골문으로 쇄도하면서 슛을 날렸다. 공은 골대 왼쪽 원바운드로 굴절되면서 수비수와 골키퍼를 뒤로 한 채 골문으로 들어갔다. 이어서 3분 뒤인 전반 26분에는 팜 둑 호이 선수는 판 반득의 패스를 받아 상대 팀 패널티 박스 정면에서 넘어지면서 왼발 중거리 슛을 때려 골을 만들었다. 선수와 코칭스태프와의 든든한 신뢰가 밑바탕에 있었기 때문에, 갑자기 기용된 선수들도 좋은 결과를 낼 수 있었다. 현재 베트남 선수들은 누가 공격을 하더라도 주눅들지 않고 자신감 있게 자기 플레이를 한다.

축구로 하나 된 베트남을 보며 우리나라를 생각해 보게 된다. 지금 우리나라는 남북으로 분단되어 있다. 1953년 6 · 25가 끝난 후 66년의 세월이 흘렀다. 우리도 하나가 될 것이다. 원래 하나였던 민족이기 때문이다. 우리 민족은 수천년간 하나였다. 베트남이 축구로 하나가 되었듯이, 우리나라도 스포츠로 먼저 하나가 되면 좋겠다. 통일이 된 베트남과 분단되어 있는 대한민국이라는 차이는 있지만.

탁구와 축구를 통해 남북은 점점 하나가 되어 가고 있다. 2018년 평창에서 열린 동계올림픽에서 남북 선수단이 동시 입장하고 여러 종목에서 '코리아KOREA'라는 이름으로 메달을 획득했다. 스포츠로 우리 대한민국도 하나가 되는 여정을 시작했다. 실질적인 국가 간 통일은 시간이 걸리더라도, 축구나 탁구 경기 교류나 국제대회 단일팀 구성으로 스포츠에서부터 하나가 되어 가길 바란다. 1억 베트남을 하나로 만든 감독이 한국인이라는 것이 희망적이다. 국내에는 박 감독만큼 좋은 지도자가 많다고 본다. 그들이 지혜와 힘을 합쳐 하나 된 대한민국을 만드는 데 충분히 이바지할 수 있을 것이다.

손에 손 잡고, 벽을 넘어서 -1988년 서울올림픽 공식 주제가 박항서 감독은 베트남 국민을 하나로 만들었다. 이전과 완전히 달라진 베트남 축구를 국민들에게 선물했다. 분단의 경험이 있는 베트남은 아직도 남북 간의 상처가 남아 있다. 아직 완전히 아물지는 않았지만, 박 감독이 지도하는 베트남 대표팀이 이전의 갈등을 풀고 하나된 베트남을 만드는 데 기여하고 있다고 확신한다.

베트남 인구는 자그마치 1억에 가깝다. 그 많은 사람이 하나가 되면 엄청난 에너지가 생긴다. 이것은 국력의 원천이다. 요즘같이 개인주의가 득세하는 시기에는 가족도 같은 회사 직원들도 하나로 만들기가 힘들다. 그런데 축구는 국민을 하나로 만들었다. 현재 베트남은 중국보다 더 각광받는 투자 지역이다. 젊은 세대, 많은 인구, 빠르고 현명하고 값싼 노동력, 베트남 정부의 전폭적인 지원 등으로 많은 외국 기업이 진출해 있다. 베트남 경제는 매년 7% 가까이 높은 성장률을 보이고 있다. 박항서 매직으로 불리는 베트남 축구의 기적은 베트남의 경제 성장과 국력 신장에도 날개를 달아줄 것이다.

박항서 매직magic

2017년 10월, 박 감독이 베트남 대표팀을 맡을 때만 해도 기대보다는 걱정이, 희망보다는 우려가 많았다. 하지만 그는 부임 1년 반이 지난 현재 베트남에서 가장 사랑받는 사람, 베트남에 마법을 건 사나이로 다시 태어났다. 축구는 스코어로 말한다. 경기력으로 말한다. 박 감독은 성과와 경기력 면에서 이전과는 완전히 달라진 새로운 베트남 대표팀을 만들었다. 베트남축구협회와 국민들의 전폭적인 지지 속에 출전하는 대회마다 기대를 훨씬 뛰어넘는 성과를 이루어냈다.

그런데 박항서 매직은 베트남에 오기 전부터 어느 정도는 준비되어 있었다. 박 감독은 2002년 한일월드컵 당시 대한민국 축구 국가대표팀 수석코치를 맡으며, 네덜란드 출신 히딩크 감독을 보좌하여 대한민국을 세계 4강에 올려놓았다. 이미 그는 17년 전에 능력을 인정받았다. 그뿐만 아니라 K리그의 경남, 전남, 상주와 내셔널리그 창원시청 감독을 맡으며 약팀을 강팀으로 만든 경험을 가지고 있었다.

박항서 매직의 시작은 2018년 초에 있었던 아시아축구연맹AFC 23세 이하U-23 챔피언십 대회부터였다. 부임한 지 불과 3개월밖에 안

된 박 감독은 베트남을 대회 준우승으로 이끌며 베트남 전역에 축구 열풍을 일으킨다. 중국에서 열린 이 대회에서 베트남은 강호 한국과 호주 그리고 시리아와 함께 D조에 편성되었다. 예선 1차전 한국과의 경기에서 아쉽게 2-1로 패했지만, 예선 2차전 호주와의 경기에서는 1-0으로 승리한다. 마지막 3차전인 시리아와의 경기에서는 0-0 무승부를 기록한다. 1승 1무 1패 승점 4점으로 한국에 이어 조 2위로 8강에 진출한다.

8강 상대는 중동의 전통적인 강호 이라크였다. 연장전까지 가는 혈투 끝에 3-3으로 비긴 뒤, 승부차기에서 5-3으로 베트남은 승리한다. 이변이었다. 이때부터 베트남 국민들은 축구에 열광한다. 준결승은 역시 중동의 강호 카타르였다. 카타르와도 연장전까지 가는 접전 끝에 2-2로 비긴 후 승부차기에서 4-3으로 힘겹게 이긴다. 베트남은 축구 역사상 처음으로 U-23 대회 결승에 올랐다. 결승전 상대는 한국을 대파하고 올라온 우즈베키스탄이었다. 우즈벡과의 결승전은 눈이 펑펑 내리는 날씨로 베트남 선수들에게는 낯선 풍경이었다. 눈이 내린 하얀 그라운드에서 응우옌 꽝 하이의 그림 같은 프리킥 동점골은 베트남 전 국민에게 가슴 뭉클한 감동을 안겼다. 하지만 베트남은 우즈벡에게 연장 후반 결승골을 내줘 1-2로 패하며 아쉽게 준우승을 차지했다. 베트남 정부는 탁월한 성과를 거둔 박 감독에게 3급 노동훈장을 수여했다. 노동훈장은 숫자가 클수록 급수가 높다.

2018 AFC U-23 대회는 박항서 매직의 시작이었다. 베트남 국민들은 결승전이 벌어진 중국까지 와서 눈이 내리는 추운 날씨에도 아랑

곳하지 않고 열광적으로 응원했다. 우승은 못 했지만, 전·후반 90분과 연장전까지 베트남은 경기를 지배했다. 졌지만 결코 지지 않은 게임이었다. 박항서 감독 부임 후 불과 석 달 만에 베트남 축구는 확실히 달라졌다.

박항서 매직의 본격적인 불을 댕긴 것은 2018년 여름 인도네시아에서 열린 자카르타-팔렘방 아시안게임이었다. 베트남 대표팀은 아시안게임 사상 처음으로 4강에 진출하며 축구 열풍을 이어갔다. 베트남은 예선에서 일본, 파키스탄, 네팔과 함께 D조에 속했다. 지난 U-23 대회와 같은 D조였다. 예선 1차전 파키스탄과의 경기에서 3-0으로 완승하며 이변의 시작을 알렸다. 예선 2차전 네팔과의 경기에서는 2-0으로 이기며 16강 진출의 청신호를 켰다. 베트남은 마지막 경기에서 전통적인 강호 일본까지 1-0으로 제압하는 파란을 일으키며 3전 전승의 성적으로 1위를 하며 16강에 올랐다.

베트남은 16강에서 E조 3위로 올라온 중동의 바레인과 만난다. 베트남은 후반 종료 직전 응우옌 꽁 프엉의 결승골로 1-0으로 승리하며 아시안게임 역사상 처음으로 8강에 진출한다. 8강에서 중동의 강호 시리아를 만난다. 전·후반을 득점 없이 비긴 후 연장전 후반 3분에 롱 패스를 받은 아인득의 발끝에서 나온 슛이 크로스바를 맞고 나오자 반 또안이 침착하게 골문으로 공을 넣어 결승골을 만들었다. 이로써 베트남은 통일 이후 첫 아시안게임 4강에 진출한다. 준결승에서는 이번 대회 금메달을 획득한 대한민국을 만난다. 베트남은 4강까지 올라오면서 연장전을 거친 8강, 후반 종료 직전 가까스로 이긴 16강

등 선수들이 체력적으로 많이 지쳐 있었다. 한국은 지난 대회 우승팀으로 2연패를 노리는 팀이었다. 한국은 8강에서 우즈베키스탄을 난타전 끝에 4-3으로 힘겹게 누르며 4강에 올라왔다. 준결승에서 베트남은 한국에 1-3으로 패하며 결승 진출에 실패한다.

하지만 4강에 오른 것만 해도 베트남으로서는 기대 이상의 성적이었다. 베트남은 아시안게임에서 본선인 16강에만 올라도 목표를 달성한 것이었다. 아시안게임은 아직까지 베트남이 좋은 성적을 올리기에 역부족이라는 자체 평가를 했다. 하지만 놀랍게도 결과는 4위였다. 연초 U-23 대회에서 준우승으로 베트남에 축구 열풍을 가져온 박항서 감독은 이번 아시안게임 4강으로 확실히 입지를 다졌다. 아시안게임이 끝난 후, 인도네시아에서 베트남 하노이로 귀국 후 카퍼레이드가 있었다. 평소 50분 걸리던 거리가 환영 인파로 인해 5시간이나 걸렸다. 박 감독은 이제 베트남의 영웅, '스승'으로 떠올랐다.

박항서 매직은 지난해 12월 중순 2018 아세안축구연맹AFF 스즈키컵에서 베트남의 우승으로 정점을 찍었다. 이 대회는 특정 국가에서 치러지는 것이 아니라 홈 앤 어웨이 방식으로 진행되었다. 이번 대회는 본선 참가국이 10개국으로 늘어났다. 2017년 10월 베트남이 박 감독을 영입할 때 숙원이 이 대회의 우승이었다. 베트남은 꼭 10년 전인 2008년에 우승을 했다. 동남아의 월드컵이라 불리는 대회에서의 우승이 간절했다.

베트남은 말레이시아, 미얀마, 캄보디아, 라오스와 함께 A조에 편성되었다. 1차전 라오스와의 경기에서 3-0 완승을 거둔다. 2차전 말레이시아와의 경기에서는 2-0으로 이긴다. 말레이시아와는 결승에서 다시 만난다. 3차전 미얀마와는 0-0으로 비긴다. 4차전 캄보디아와의 경기에서는 3-0으로 기분 좋게 승리한다. 베트남은 3승 1무 승점 8점, 조 1위로 4강에 오른다. 눈여겨볼 만한 점은 베트남은 예선을 치르며 실점이 단 1점도 없었다는 것이다. 강력한 수비를 바탕으로 한 빠른 공격은 다른 동남아 국가와는 수준이 달랐다.

준결승에서 베트남은 필리핀과 홈 앤 어웨이 방식으로 두 게임을 치렀다. 준결승 1차전은 필리핀 마닐라에서 열렸다. 필리핀 홈 관중이 응집한 부담스런 원정 경기임에도 불구하고 베트남은 2-1로 승리하며 결승 진출 확률을 높인다. 준결승 2차전 하노이에서 열린 홈 경기에서도 2-1 승리하며, 총 4-2로 결승 진출을 확정 짓는다. 10년 만에 대회 우승이 눈앞으로 다가온 것이다.

결승전에서 베트남은 말레이시아와 맞붙는다. 말레이시아를 예선전에서 2-0으로 이겼지만 결승전은 예선과 달랐다. 결승 1차전은 말레이시아 쿠알라룸푸르에서 필리핀 홈 관중 8만 7,000명의 일방적인 응원속에 치러졌다. 베트남은 먼저 두 골을 넣으며 2-0으로 앞서갔다. 전반 22분 판 반득의 크로스를 응우옌 후이 홍이 원바운드로 선취골을 넣었다. 말레이시아가 채 전열을 가다듬기 전인 3분 후인 전반 25분에는 팜득 후이가 넘어지면서 때린 중거리 슛이 말레이시아의 골대로 들어가며 오른쪽 그물을 갈랐다. 이렇게 원정에서 베트남이 앞서가자 말레이시아 선수들은 전반 33분부터 신경질적으로 반응했다. 전반 36분 말레이시아의 샤를 사드의 만회골이 터지며 2-1이 되었다. 베트남 수비수가 말레이시아 선수를 놓친 대인마크 실수였다. 후반 15분에는 말레이시아의 라시드가 한 골을 만회하며 2-2 동점을 만들었다. 후반에 베트남 수비가 제 역할을 하지 못했다. 마침내 경기는 2-2로 끝났다. 베트남은 원정에서 두 골을 넣으며 게임에서 비겨서 우승 확률을 높였다.

결승 2차전은 베트남의 홈 하노이의 미딩국립경기장에서 벌어졌다. 베트남의 팬 4만 관중이 응원하는 가운데 1차전에서 빠졌던 주전 선수들이 대부분 기용되어 활력 있는 경기력을 보여 주었다. 결승골은 상당히 이른 시간에 터졌다. 전반 5분, 꽝 하이의 환상적인 크로스를 골문 앞에서 좋은 위치를 선점하고 있던 아인득이 논스톱 발리슛을 작렬시키며 골을 만들었다. 박항서 감독은 경기가 과열되고 있다고 판단해서 선수들에게 침착할 것을 강조하는 액션을 몇 차례나 취했다. 개인기는 말레이시아가 우세했지만 조직력은 베트남이 뛰어났다. 베트남은 리드하고 있는 팀이라고 믿기 힘들 정도로 최전방 공격수부터 미드필드, 수비까지 상대 팀을 거세게 압박했다. 체력은 베트남이 훨씬 더 비축되어 있었고 뛰어났다. 결국 후반 추가 시간 4분이 모두 끝나고 베트남이 승리했다. 2008년 이후 10년 만에 동남아 월드컵인 아세안축구연맹AFF 챔피언십 우승을 차지한 것이다.

경기가 끝난 직후 시상식에서 베트남 국가 서열 2위인 응우옌 쑤언 푹 총리는 박 감독과 포옹했다. 베트남 우승에 대한 진심 어린 감사의 표현이었다. 푹 총리는 베트남의 우승을 누구보다 기뻐했다. 대회 내내 자국 축구 대표팀에 애정을 보였다. 이날 아인득의 결승골이 들어

가자 자리에서 벌떡 일어나 만면에 미소를 지으며 두 주먹을 불끈 쥐었다.

이날은 1억 베트남 국민이 하나가 되었다. 베트남은 새벽까지 축제 분위기였다. 많은 국민이 거리와 광장에서 베트남 국기인 금성홍기를, 드물게는 박 감독의 조국 대한민국의 태극기를 흔들며 축제를 즐겼다. 박 감독의 사진이 그려진 베트남 국기도 많이 보였다. 베트남은 축구로 하나가 되었다. 많은 베트남 국민은 박항서 감독에게 감사하고 존경한다는 말을 했다.

대회 우승 후 기자회견에서 박 감독의 말은 감동을 자아내기에 충분했다.

"성원해 주신 베트남 국민들께 진심으로 감사드립니다. 저를 사랑하는 만큼, 저의 조국 대한민국도 사랑해 주시기 바랍니다."

2018년은 베트남에게, 박항서 감독에게 최고의 해였다. 우리나라에서 16년 전인 2002년 월드컵의 열기는 6월 한 달 동안이었다. 그에 비해 박항서 매직으로 인한 베트남 축구의 열기는 1년 동안 이어지고 있다. 이것은 베트남이 오래전부터 장기적인 미래를 보고 유소년 축구에 투자했기 때문이다. 그 선수들이 뛰어난 실력을 갖추며 훌륭하게 성장했다. 그 선수들을 눈여겨보고 빌탁하고 훈련해서 하나의 강력한 팀을 만든 박항서 감독의 영향도 컸다.

자랑스러운 한류스타

우리나라의 드라마와 가요는 이미 중국, 일본, 베트남 등 아시아를 넘어 유럽, 아프리카, 아메리카까지 전 세계로 뻗어 나가고 있다. 드라마에서 국적을 초월하는 인상 깊은 연기를 펼친 배우들이 한류스타로 각광받고 있다. 우리나라에서도 스타인 배우 이병헌, 이영애, 김수현, 송중기, 전지현 등은 외국에서도 인기있는 한류스타다. 원조 한류스타인 가수 보아부터 원더걸스, 2NE1을 거쳐 최근의 동방신기와 방탄소년단BTS까지 아이돌도 한류스타로 자리매김했다.

한류는 대세다. 세계적인 흐름이다. 높은 수준으로 만들어진 우리나라의 드라마와 가요는 세계인들에게 사랑받을 만큼 매력적이다. 프랑스, 라틴아메리카에서도 우리나라 아이돌 공연에 그 나라 젊은이들이 구름떼처럼 몰려나온다. 특히 2018년 한 해 방탄소년단은 빌보드차트 1위를 여러 번 차지하면서 세계적으로 입지를 다졌다. 주목할 만한 점은 한국어로 노래를 불렀다는 점이다. 그만큼 세계적으로 통하는 매력이 있다.

드라마 역시 가요 못지않게 한류 열풍을 만들고 있다. 이영애가 열연한 〈대장금〉은 중국에서 큰 사랑을 받았고, 송중기 주연의 〈태양의 후예〉는 중국과 베트남을 비롯한 동남아시아에서 큰 사랑을 받았다. 또 김수현과 전지현이 주연한 〈별에서 온 그대〉는 중국에서 큰 화제가 되었다. 드라마를 본 중국 팬들에게 '치맥'은 매력적인 메뉴가 되었고, 한국으로 관광 온 많은 중국 팬들이 동시에 치맥 파티를 벌이기도 했다. 최근 방송된 〈미스터 션샤인〉에서 이병헌은 외국 팬들의 열렬한 호응을 얻었다. 그로 인해 드라마 촬영지였던 논산, 예천, 안동에는 많은 외국 관광객들이 찾아왔다.

최근 이런 한류스타 대열에 본의 아니게 발을 들여놓은 인물이 있다. 그는 박항서 감독이다. 2017년 10월부터 베트남 축구 대표팀 감독을 맡아 참가한 국제대회마다 탁월한 성적을 거두며 베트남의 영웅, 베트남의 스승으로 떠올랐다. 현재 베트남에서는 박 감독이 어떤 한류스타보다 더 인기 있다. 한 베트남 여성에게 송중기, 이민호 그리고 박항서 감독 중 누가 더 좋냐는 질문에, 그녀는 '당연히 박항서 감독님'이라고 대답했다.

한번은 박 감독이 새벽에 아무런 수행원 없이 홀로 공항에 나타났다. 전지훈련 답사차 외국으로 가기 위해서였다. 새벽에도 박 감독을 알아본 팬들은 너나 할 것 없이 휴대전화를 꺼내들고 함께 사진을 찍자고 요청했다. 소탈한 성격의 박 감독은 팬들의 요청에 싫은 기색 없이 응했다. 심지어 공항에서 일하던 항공사 여자 직원도 박 감독과 사진을 같이 찍으며 즐거워했다. 베트남 국민들이 진심으로 박 감독을 좋아하는 것이 느껴졌다.

박 감독을 베트남 팬들이 그냥 좋아하는 것이 아니다. 그만한 매력이 있기 때문이다. 그는 2018년 1월 열린 아시아축구연맹AFC 23세 이하U-23 챔피언십 대회에서 준우승하며 베트남 국민에게 자긍심을 심어 줬다. 2002년 월드컵에서 4강 신화를 쓴 대표팀을 보면서, 당시 우리나라 국민들도 대한민국 국민이라는 것을 자랑스러워했다. 마찬가지로 베트남 국민들도 대회에서 선수들의 투지 넘치는 플레이와 기대 이상의 놀랄 만한 결과에 자부심을 느꼈다. 박 감독은 단순히 축구 대표팀 감독이 아니었다. 베트남의 자존심을 세워준, 자존감을 높여 준 진정한 영웅이었다.

현대사에서 대한민국과 베트남의 관계는 좋지 않았다. 베트남전쟁에 한국군이 파병되어 베트남과 전쟁을 벌였기 때문이다. 베트남전쟁은 1960년부터 1975년까지 벌어졌다. 미군이 참전한 전쟁에 대한민국도 정권 차원에서 군대를 파병했다. 베트남의 민간인의 목숨을 앗아간 안타까운 일도 있었다.

이후 대한민국과 베트남은 1992년 수교를 맺었다. 한국은 수교 이후 지금까지 베트남에 610억 달러약 70조 원라는 가장 많은 금액을 투자하고 있는 국가다. 양국은 수교 26년째인 올해까지 경제적으로 긴밀한 관계를 맺고 있다.

이렇게 한국과 베트남의 역사에는 아직 상처가 남아 있다. 그런데 박 감독이 베트남 대표팀을 맡아 국제대회에서 계속해서 선전하면서, 박 감독 개인뿐만 아니라 대한민국에 대한 이미지도 많이 개선되었다. 축구로 베트남을 하나로 만든 힘이 과거의 역사적 앙금까지 조금씩 덜어내고 있다. 요즘 베트남 팬들은 박항서의 나라에서 왔다고 하면 호의를 보이며 택시도 잡아 주고 감사하다고 말한다. 그만큼 우리나라에 대한 호의를 베푼다. 과거와 많이 달라진 모습이다.

축구라는 스포츠의 힘이 대단하다. 그라운드에서 11명의 선수들이 오직 발만 사용해서 상대 팀 골문을 두드리는 원시적인 경기. 축구의 이런 면이 국경과 문화를 초월해서 사랑받고 사람들을 하나로 만드는 이유다. 베트남 축구 대표팀은 1억 베트남 국민을 하나로 만들었다. 그 중심에 박항서 감독이 있다. 박 감독은 소탈하고 겸허한 성격으로, 한 경기 한 경기 최선을 다해 준비한다. 자존심이 센 베트남 선수 한 명 한 명을 자식처럼 생각하고 배려한다. 이런 그의 아버지 같고 때로는 형님 같은 모습은 선수들에게 깊은 신뢰를 주었다. 박 감독은 늘 맡은 팀의 선수들로부터 사랑받았다. 그것이 좋은 성적을 올린 원동력이었다. 좋은 결과에 베트남 국민들도 열광했다. 그의 진솔한 축구 사랑, 선수 사랑이 베트남 축구 역사를 새로 쓴 비법 중 하나다.

박 감독이 외교관 100명의 역할을 했다는 사람도 있다. 틀린 말은 아니다. 박 감독은 아세안축구연맹AFF 스즈키컵 결승전이 끝나고 나서 한국 취재단들과 가진 기자회견에서, 베트남 국민들이 자신을 사랑하는 것만큼 자신의 조국 대한민국도 사랑해 주시면 감사하겠다고 했다. 진정한 민간 외교관으로서의 말이었다.

2018년 12월 15일 저녁, AFF 챔피언십 결승 2차전이 벌어진 베트남 하노이의 미딩국립경기장에는 눈에 띄는 장면이 있었다. 4만 베트남 홈 팬들이 발 디딜 틈 없이 들어찬 가운데 금성홍기가 관중석에서 물결쳤다. 중간중간 태극기도 보였다. 특히 관중석 앞의 왼쪽과 오른쪽 끝에 펼쳐진 대형 태극기가 눈에 들어왔다. 국가대표팀 경기를 응원할 때 자국 국기 말고 다른 나라 국기를 눈에 띄게 펼쳐놓고 응원하지는 않는다. 그런데 결승 2차전에서 그런 보기 드문 현상이 벌어진 것이다. 박항서 효과 말고는 달리 설명할 방법이 없다. 이것은 새로운 형식의 한류다. 지금까지 한 번도 경험하지 못한 방식으로 우리나라가 베트남에 알려지고 있는 것이다.

베트남은 오랫동안 프랑스의 식민지였다. 그런 베트남을 독립시킨 베트남의 정신적 지주로 불리는 인물이 있다. 그는 호치민胡志明, 1890~1969 주석이다. 베트남 국민들은 호치민을 존경한다. 그런데 베트남 대표팀 경기를 앞두고 눈에 띄는 것이 보였다. 호치민과 박항서 감독이 같이 등장한 금성홍기다. 베트남 국민들이 박 감독을 얼마나 존경하고 사랑하는지 짐작할 수 있는 장면이다. 박 감독은 베트남에서 '갓God' 항서라고도 불린다. 이렇게 베트남에서 박 감독은 큰 사랑과 지지를 받고 있다.

당신이 전력을 다 기울였다면 점수가 어떻게 나오든 절대 패자가 아니다. 반대로 당신이 최선을 다하지 못했다면 절대 승자가 되지 못한다.

-존 우든, 전설적인 미국의 농구 감독

베트남 대표팀을 이끄는 박항서 감독은 세심하다. 이번 AFF 챔피언십에서 우승한 베트남의 가장 큰 장점은 수비력이었다. 간단히 쓰리백, 포백 등으로 수비라인과 수비 숫자를 이야기하지만, 실전에서는 다양한 전술을 사용했다. 특히 결승 2차전에서는 윙백을 위로 올려서 말레이시아의 공격을 사전에 압박했다.

박 감독과 베트남 대표팀을 함께 이끄는 이영진 코치는 후반 35분에 승리를 확신해서 크게 긴장하지 않았다고 했다. 이에 반해 박 감독은 경기가 완전히 끝나기 전까지 선수들을 독려했다. 경기 내내 베트남은 상대 팀 말레이시아를 1-0으로 불안하게 리드했다. 개인기가 좋은 말레이시아가 한 골을 넣으면 분위기는 말레이시아 쪽으로 넘어가게 되고, 베트남이 당황해서 말레이시아가 한 골 더 넣으면 우승은 물 건너갈 수도 있었다. 박 감독에게는 선수들의 플레이 하나하나가 중요했다. 후반 종료 직전 말레이시아 선수가 퇴장을 당하며 베트남의 승리가, AFF 스즈키컵에서 10년 만의 우승이 확실시되었다. 그 순간에도 그라운드를 향해 선수에게 소리치는 박 감독의 모습에서 최선을 다한다는 인상을 받았다.

감독과 베트남 대표팀은 최선을 다했다. 결과는 베트남의 승리였다. 스즈키컵은 동남아에서는 자존심을 건 싸움이다. 그래서 월드컵보다 더 중요하게 여겨진다. 이런 국가 간, 국민들 사이에 자존심을 건 중요한 대회에서 박 감독은 팀을 우승으로 이끌었다. 이로 인해 박 감독에 대한 찬사는 물론이고, 그의 조국 대한민국에 대한 이미지도 좋아졌다.

기적은 지금부터

짧은 기간 동안 이룬 믿을 수 없는 결과를 이루었을때 '기적'이라고 한다. 독일의 경제 성장을 라인강의 기적, 대한민국의 경제 성장을 한강의 기적이라고 부른다. 이런 기적의 이면에는 보이지 않는 곳에서 묵묵히 자신을 희생한 사람들이 있다. 기적의 중심에 있는 진정한 주인공들은 자신이 기적을 만들고 있는지 잘 느끼지 못한다. 상상할 수 없을 정도로 놀라운 결과가 나오고, 어느 정도 시간이 지났을 때 비로소 자신이 어느 정도로 대단한 일을 했는지 알아차리게 된다.

대한민국은 2002년 한일월드컵에서 공동 개최국으로 참가해 기적을 만들었다. 대한민국은 아시아에서 월드컵 무대에 빠지지 않고 나가는 단골손님이었다. 하지만 월드컵 본선에만 가면 번번이 무릎을 꿇어야했다. 아시아 축구와 세계 축구와의 격차가 너무나 컸다. 대한민국에게는 아시아의 호랑이라는 별명이 붙었다. 당시 대한민국은 아시아에서 가장 많이 월드컵에 진출했지만 월드컵 본선에서 단 1승도 거두지 못하고 있었다. 2002 월드컵의 목표는 본선 최초 1승과 16강 진출이었다.

이 목표를 이루기 위해 대한축구협회는 세계적인 명장들을 후보군에 올린다. 고심 끝에 네덜란드 국가대표 감독을 맡았던 거스 히딩크 감독을 영입한다. 히딩크 감독은 대한축구협회의 축구에 대한 열정과 세련된 접촉이 좋았다며 감독직을 수락한다. 히딩크 감독은 2000년 12월 중순에 한국 땅을 처음 밟았다. 그에게 주어진 지상과제는 대한민국 대표팀을 자국에서 열리는 월드컵에서 16강에 진출시키는 것이었다.

월드컵 본선까지 남은 기간은 500일. 히딩크 감독은 '한국 축구의 선진화'라는 분명한 비전을 가지고 있었다. 당시 네덜란드로 대표되는 토털 사커를 구사하기 위해 전술에 변화를 주려고 노력했다. 공격과 수비 간격을 얼마나 잘 유지하면서 경기 내내 전원 수비, 전원 공격을 할 수 있는 팀을 만들 수 있는지가 관건이었다. 그에게는 세계 최강 체코, 프랑스와의 평가전에서 연속해서 5-0으로 지며, '오대영'이라는 별명이 붙었다. 하지만 강호들과의 평가전은 목적이 분명했다. 아시아에서만 강자였던 한국 축구가 세계 축구를 경험하며 강팀을 만나더라도 주눅 들지 않고 자신감 있는 플레이를 하기 위해서였다. 그것은 '한국 축구의 선진화'라는 비전을 달성하기 위한 고육지책이었다.

이렇게 큰 점수 차로 지기만 하던 대표팀이 과연 월드컵에서 제 성적을 낼 수 있을지 걱정하는 사람들이 많았다. 하지만 한국 대표팀은 월드컵 조별 예선에서 2승 1무, 조1위로 16강에 진출했다. 16강에서 강호 이탈리아를 2-1로 꺾었고, 8강에서는 강호 스페인을 승부차기 끝에 누르며 4강에 진출했다.

2018년 베트남 축구 대표팀은 최고의 한 해를 보냈다. 2018년 이전과 비교한다면 가히 기적이라 할 만한 결과를 보여 주고 있다. 2018년 초 아시아축구연맹AFC U-23 챔피언십 대회에서 준우승을 했고, 여름 인도네시아의 자카르타-팔렘방 아시안게임에서 4강에 진출했으며, 연말에 진행된 아세안축구연맹AFF 챔피언십에서 10년 만에 우승까지 차지했다.

베트남 대표팀의 대표팀이 만든 결과는 기적이다. 자국 베트남 언론과 축구 팬들은 물론이고 외국에서조차 그렇게 부른다. 기적의 중심에는 박항서 감독이 있다. 그는 기적을 염두에 두고 게임을 하지 않았다. 지지 않는 축구, 즉 '이기는 축구'를 한다는 자신의 축구 철학을 게임마다 보여 주었을 뿐이다.

박 감독이 이전의 베트남 대표팀 감독과는 다른 점이 몇 가지 있다. 먼저 베트남 팀표팀 감독직을 자신의 지도자 생활 중 마지막이라고 생각했다. 사람이 어떤 일을 할 때 이번이 마지막이라고 생각하며 일하면 집중력이나 결과가 달라진다. 박 감독은 배수진을 쳤다. 더는 갈 곳이 없다고 생각했다. 자신이 그동안 축구를 하면서 배우고 느끼고 쌓아 왔던 모든 것을 베트남 대표팀에 쏟아붓겠다는 작심을 하고 감독직에 임했다. 그 결과는 우리가 눈으로 본 그대로다.

또 박 감독은 소탈하고 진정성이 있는 사람이다. 12월 15일 아세안축구연맹AFF 챔피언십 우승 직후, 하노이에서 진행된 국내 언론과의 인터뷰에서 박 감독은 "저는 영웅도, 대단한 사람도 아닙니다. 평범

한 축구 지도자일 뿐입니다. 축구를 사랑하고 좋아하는 한 사람입니다. 앞으로도 그럴 거고요."라고 말했다. 그는 유창하거나 재미있게 말하지 못한다. 한 번씩 말도 더듬는다. 그럼에도 그의 한마디 한마디는 사람들에게 감동을 준다. 가식이 없기 때문이다. 사람들은 말을 잘하는 사람을 잘 믿지 않으려는 경향이 있다. 사람들은 그 사람이 하는 말보다는 행동을 믿는다.

물론 박 감독 혼자 베트남 대표팀의 기적을 만든 것은 아니다. 전 대구FC 감독을 역임하고, 박 감독이 베트남으로 가자고 했을 때 박 감독을 믿고 두말없이 따라나선 이영진 코치와 피지컬을 담당한 배명호 코치 등 코칭스태프의 헌신적인 지원도 있었다.

또 23명의 베트남 대표선수들도 주인공이다. 선수들은 베트남축구협회의 전폭적인 지원 아래 유소년 때부터 국내외에서 선진 기술을 습득했다. 그들은 황금세대라 불린다. 평균 연령이 20대 초반으로 아직까지 젊다. 보통 30대 초반까지 활동하는 축구 선수들의 연령대를 생각해 보면, 베트남 축구는 앞으로 10년 정도는 각종 국제대회에서 기대를 걸만하다.

박 감독은 이 황금세대의 조직력을 극대화해서 기적을 만들었다. 선수가 아무리 뛰어나도 감독의 지도력이 부족하면 팀이 좋은 성적을 내기는 어렵다. 축구는 그라운드에서 11명의 선수들이 승리라는 목표를 향해 한마음으로 뛰어야 한다. 그냥 뛰면 안 되고 강한 체력을 바탕으로 머릿속으로 팀의 전술을 숙지하고 매 순간 정확한 판단에 따라 움직여야 한다. 다행히 박 감독이 선수들에게 진심으로 다가가자 선수들이 감응하여 서로 간에 신뢰가 쌓였다. 그 신뢰를 바탕으로 출전하는 대회마다 기대 이상의 성적을 거두었다.

올해 베트남 축구의 기적은 신뢰가 만들어 낸 결과다. 어떤 조직이 잘 안 되는 결정적인 이유는 구성원 간의 신뢰가 부족해서다. 반면 잘 되는 조직은 팀원들 간의 굳건한 믿음을 바탕으로 헌신적인 플레이를 펼친다. 그 결과 자연스레 좋은 성적이나 실적 등의 결과가 따라온다. 한 번 만들어진 신뢰를 잘 유지하는 것이 관건이다.

박항서 감독이 베트남 대표팀에 부임한 지 1년 반이 지나간다. 베트남 대표팀 감독의 평균 수명은 8개월이라고 한다. 박 감독은 살아남았다. 그걸 넘어서 탁월한 결과를 계속 만들고 있다. 박 감독은 베트남 축구를 질적으로 변화시켰다. 이전과 다르게 한 단계 도약시킨 것이다. 하지만 그에게도 과제가 있다. 팀 자체의 시스템을 정착시켜서 감독이나 선수가 바뀌어도 일정 수준의 실력을 유지하는 것이다. 아직 베트남 축구는 세계적인 또는 아시아 강호보다 실력이 부족하다. 박 감독도 그 부분을 잘 알고 있다.

축구는 스포츠이기 때문에 그 국가의 경제력과 비례하는 측면이 있다. 잘사는 국가가 축구도 잘하는 편이다. 장기적으로 보면 베트남 축구는 전망이 밝다. 베트남은 세계에서 가장 빠른 속도로 경제가 발전하고 있기 때문이다. 베트남은 국경을 접하고 있는 세계의 공장 중국만큼 높은 경제 성장률을 자랑한다. 이렇게 경제가 성장하고 있는 베트남은 자연스레 축구에 대한 투자를 지속하고 강화할 것이고, 그것은 대표팀의 좋은 성적으로 나타날 것이다.

초심불망初心不忘, '처음 먹은 마음을 잊지 않는다'는 뜻이다. 2018년 정점을 찍은 베트남 대표팀과 박 감독에게 필요한 건 이 말이 아닐까 한다. 좋은 결과가 계속된 것은 충분한 실력이 있고 거기에 운도 따라 준 결과다. 이런 상황에서는 처음 마음을 잃지 않아야 한다. 초심을 잃지 않는 것이 필요하다. 겸손한 마음, 겸허한 마음으로 다시 시작할 수 있어야 한다. 가장 잘 나갈 때, 위기의식을 갖고 모든 면을 점검하고 하나하나 만들어가는 모습. 이것이 계속 성공하는 조직이나 사람의 특징이다.

다행히 베트남 대표팀과 박항서 감독은 초심을 잃지 않고 있다. 아세안축구연맹AFF 스즈키컵 우승 기자회견에서, 박 감독은 자신은 영웅이 아니고 많은 축구 지도자 가운데 한 명이고, 대표팀을 성원해 준 베트남 축구 팬들에게 감사한다고 말했다. 그리고 우승한 것은 우승한 것이고, 조금 쉬었다가 곧 있을 아시안컵 준비를 바로 할 것이라고 했다.

아세안축구연맹AFF 챔피언십 대회는 동남아의 월드컵이라 불린다. 아시안컵은 아시아의 월드컵이다. 2019년 대회는 1월 5일부터 2월 1일까지 아랍에미리트UAE에서 열렸다. 이번 대회부터 본선 진출국이 16개국에서 24개국으로 늘어났다. 베트남은 D조에서 중동의 강호 이란, 이라크와 해볼 만하다고 평가되는 예멘과 한 조에 속해 있었다. 이란, 이라크는 전통적인 중동 강호로 여전히 아시아 최고의 실력을 가지고 있다. 대전 운이 그렇게 좋지는 않았다. 박 감독은 조 3위로 와일드카드로 16강에 진출하거나 2위를 차지해 16강에 진출하는 것을 목표로 삼았다. 베트남은 예멘에 승리하고 나머지 경기에는 패했지만, 조3위로 아슬아슬하게 16강에 진출했다. 이후 16강에서 C조 1위 요르단을 승부차기 끝에 이겨서 8강까지 올라가는 저력을 보여 줬다.

2019년 3월에는 한국과의 A매치가 예정되어 있었다. 동아시아축구연맹컵E-1챔피언십 우승팀인 한국과 동남아시아축구연맹컵AFF 스즈키컵 우승팀 베트남이 컵 대회 우승국으로 맞붙는 뜻깊은 대회였다. 박 감독으로서는 조국을 상대로 부담되는 경기지만, 한 수 배운다는 자세로 멋진 경기를 펼치겠다고 했다. 하지만 이 대회는 아쉽게도 베트남의 U-23 예선과 일정이 겹쳐서 무기한 연기됐다. 베트남 입장에서는 올림픽 티켓이 걸려 있는 U-23 대회가 우선순위여서 어쩔 수 없었다.

"지난번에 베트남에 잠깐 갔었는데, 저를 만나는 모든 사람들이 감독님에 대해서 물어보고 이야기하고 칭찬하는 모습을 보고, 저도 정말 자랑스럽고 기분이 좋았습니다. 더 힘내셔서 베트남 축구를 위해서 또 대한민국의 위상을 위해서 열심히 노력해주시고요. 저도 멀리에서 열심히 응원하겠습니다."

-이영표, 축구 해설위원. 2002년 월드컵 대한민국 축구 국가대표팀 선수

Chapter 2

왜 박항서인가

베트남 언론의 차가운 시선
감독의 자격
선수들과의 소통
철저한 준비
'금성홍기'에 손을 얹다
체력은 국력
약팀을 강팀으로

왜 박항서인가

베트남축구협회는 왜 국가대표팀 감독으로 박항서를 선택했을까? 2017년 9월 박 감독은 창원시청 감독을 맡고 있었다. 대한민국의 K리그 3부 실업팀이었다. 나이는 환갑을 앞두고 있었다. 국가대표에서 프로팀으로, 프로팀에서 실업팀으로 내리막길을 걷고 있었다. 박 감독은 반전을 원했다. 동남아에서 매니지먼트 사업을 하는 이동준 대표에게 일자리가 있는지 알아봐 달라고 먼저 요청했다.

당시 베트남 축구 대표팀은 아시아 출신 감독을 찾고 있었다. 자신들이 어릴 때부터 투자한 황금세대라고 불리는 대표팀 선수들이 브라질 리우올림픽 본선 진출에 실패하자 일본인 감독을 경질한 지 얼마 지나지 않았다. 협회는 이동준 대표에게 의뢰했고 이 대표는 박 감독을 협회에 추천했다. 박 감독은 창원시청을 맡아 2017년 내셔널리그 우승을 이끌었고 전국체전에서도 우승했다. 박 감독의 장점은 약팀을 맡아 좋은 성과를 내는 데 있었다. 이를 눈여겨본 이동준 대표가 기억하고 있다가 베트남축구협회에 선뜻 박 감독을 추천한 것이다.

박 감독은 베트남축구협회에서 면접을 봤다. 2002년 월드컵 수석코치와 K리그에서의 감독과 코치 경력이 있었다. 그는 면접에서 무엇보다 자신이 작은 키로 선수 생활을 해서, 체구가 작은 베트남 선수들을 어떻게 훈련시키고 실력을 향상시킬지 안다고 했다. 또 자신이 그동안 축구 생활을 하면서 쌓았던 노하우와 경험을 베트남 축구 발전을 위해 헌신하겠다는 강한 의지를 보여 주었다. 처음에 걱정하던 팬과 언론은 여러 대회를 거치면서 좋은 결과를 내는 박 감독과 대표팀에게 찬사를 보냈다. 박 감독을 선택한 것은 성공이었다. 성공을 넘어 신의 한 수였다. 지금까지도 잘해 왔지만 초심을 잃지 않고 앞으로도 지금처럼 최선을 다할 것이라는 것을 팬들은 믿고 있다.

베트남 언론의 차가운 시선

감독들의 무덤, 그 자리가 바로 베트남 감독이었다. 베트남 축구 대표팀 감독의 평균 재임 기간은 8개월이었다. 박항서 감독은 이것을 잘 알고 있다. 박 감독은 한국에서 베트남 비행기를 탈 때 굳은 다짐을 했다. 자신이 그동안 축구를 하면서 습득한 모든 것을 베트남 축구 발전을 위해 쓰겠다고.

하지만 베트남 언론의 반응은 차가웠다. 박 감독의 장점보다는 단점을 부각시켰다. 대표팀을 대하는 언론의 시선은 따뜻하기보다는 차갑기 마련이다. 특히 짧은 시간 동안 계속 감독이 바뀐 베트남의 경우는 더하면 더했지 덜하지 않았다. 그래서 박 감독에게 문제가 있어서라기보다 언론의 태도 자체가 그런 면이 있었다. 부임 초 박 감독의 마음은 가볍지만은 않았을 것이다.

박 감독은 2017년 9월 말 베트남 대표팀과 계약했다. 사실상 10월부터 감독직을 수행했다. 그는 당시에 창원시청 감독으로 일하고 있었다. 창원시청은 실업팀이었다. 프로팀도 아닌 실업팀 감독을 국가대표팀 감독으로 선임한 것에 대해 베트남 언론은 냉소적인 반응을 보였다. 언론의 반응은 당시 상황으로 보면 이해가 가는 측면도 있다. 하지만 축구협회가 박 감독에게 베트남을 맡겼을 때는 그만한 이유가 있었을 텐데 그 부분에 대해서는 관심을 덜 가지고, 실업팀 감독을 데려왔다는 것에만 주목했다.

하지만 그들은 모르고 있었다. 박 감독이 창원시청을 어떤 팀으로 변화시켰는지에 대해서. 박 감독은 2016년 12월부터 창원시청 감독으로 부임했다. 그는 선수들과 격의 없이 친해지는 데 탁월했다. 훈련하면서 편안한 스키십과 대화로 선수들의 마음을 움직였다. 선수 개인의 생일은 빠짐없이 챙기고 책을 선물했다. 책의 면지에는 감사와 격려, 응원을 담은 문장을 적었다. 선수들에게 개인보다 팀을 위해 헌신하는 플레이를 펼치도록 이끌었다. 그 결과 창원시청은 박 감독 부임 이후 팀이 속한 내셔널리그에서 최초로 우승트로피를 들어올렸다. 또 얼마 뒤 벌어진 전국체전에서도 우승했다.

박 감독이 프로팀에서 실업팀 창원시청으로 옮긴 것은 당시 한국 축구계의 상황과도 관련이 있다. 한국은 40대 중반 정도까지의 젊고 능력 있는 감독을 선호한다. 박 감독은 당시 이미 50대 후반의 나이였다. 프로팀에서는 더는 불러 주는 곳이 없었다. 축구에 대한 열정만큼은 높았던 그였기에 창원시청 감독을 맡아서 팀을 이끌었다.

또 박 감독은 2002년 한일월드컵 당시 개최국이었던 대한민국 대표팀의 수석코치였다. 베트남 감독으로 부임 시 그의 경력 중 가장 눈에 띄는 것이었다. 당시 대한민국 대표팀 감독은 세계적인 명장 거스 히딩크였다. 박항서 코치는 히딩크 감독과 대표팀 선수들과의 가교 역할을 훌륭하게 해냈다. 그 결과 대한민국은 월드컵 4강 신화를 썼다. 히딩크 감독은 당시 박 코치에게 많은 도움을 받았다고 했다. 또 사람은 누구나 자신의 스타일과 리더십이 있는데, 그걸 존중해줘야 된다는 말도 덧붙였다.

벌써 17년이나 지난 일이다. 박 감독은 당시 40대 초반의 젊은 지도자였다. 대표팀의 주축인 황선홍, 안정환, 김태영 등 많은 선수를 동생처럼 잘 챙기며 형님 리더십을 발휘했다. 물론 자신뿐만 아니라 정해성, 핌 베어벡 코치를 비롯한 코칭스태프들도 팀에 공헌했다. 그는 선수들과 코칭스태프를 하나로 잘 관리하고 감독과의 원활한 관계를 맺도록 자신의 역할을 다했다.

한국 언론은 그의 이런 능력에 주목했고 공로를 인정했다. 베트남 감독으로 가면서 유일하게 눈여겨보였던 그의 경력은 결코 무시할 수 없는 것이었다. 한 번도 본선에서 승리하지 못하고 16강 진출도 하지 못한 팀을 월드컵 4강에 진출시킨 그의 코치 경력은 대단한 것이었다. 부임한 지 오래되지 않은 외국인 감독 밑에서, 선수들과 모든 면을 잘 조율했기 때문에 그의 조력은 빛났다.

박 감독은 2012년부터 K리그에서 상주 상무 감독을 맡아 팀을 이끌었다. 2014년 3월 전북 현대와의 경기에서 양팀은 0-0으로 지루한 플레이를 이어가고 있었다. 그때 다리를 꼬고 잠시 눈을 감고 있는 박 감독의 모습이 카메라에 보였다. 보기에 따라서는 졸고 있다고 생각할 수도 있었다. 이 장면 때문에 베트남 언론은 박 감독을 '슬리핑 원sleeping one'이라고 비꼬았다. 맨체스터 유나이티드 무리뉴 감독의 별명인 '스페셜 원special one'에 빗댄 표현이었다.

당시 장면을 봤다. 감독이 90분 동안 선수들을 독려하고 팀 승리를 위해 움직이는 것은 당연하다. 경기가 지루한 공방을 펼쳐서 특별한 전술이 먹혀들지 않는 때도 있다. 잠시 그런 모습을 취했다고, 그것도 베트남 부임 이후도 아니고 무려 3년이 훌쩍 지나간 한국 프로팀 감독을 맡았을 때의 일을 꺼내드는 것은 쉽게 납득되지 않았다. 그만큼 베트남 언론은 부임 초 박 감독을 강하게 경계했다. 박 감독으로서는 동의하기 힘들기도 하고 속이 상했을 법도 한 일이었다.

우리 삶에 만일 겨울이 없다면 봄은 그다지 즐겁지 않을 것이다. 만일 우리가 때때로 역경을 경험하지 못한다면 번영은 그리 환영받지 못할 것이다.

-앤 브래드스트리트, 미국의 여류 시인

대한민국의 실업팀 감독을 맡고 있다가 베트남 국가대표팀 감독을 맡게 된 박항서 감독. 더 큰 세상으로 나아가기 위한 그의 앞에는 결코 좋은 일만 있었던 것은 아니었다. 베트남 언론과 팬들의 우려 섞인 목소리와 차가운 시선이 있었다. 박 감독은 과연 이런 걱정과 우려를 어떻게 극복했을까. 지금은 아세안축구연맹AFF 챔피언십에서 우승도 하고 '베트남의 영웅'으로 대접받고 있지만, 그때는 그렇지 못했다. 시련을 어떻게 극복하느냐 하는 것은 대단히 중요한 문제고 꼭 필요한 능력이다.

사실 박 감독은 시련을 극복하는 데 어느 정도 단련되어 있었다. 그는 대한민국에서 2002년 6월 월드컵이 끝나고 나서 몇 달 뒤 열린 아시안게임에서 국가대표팀 감독을 맡았던 적이 있다. 월드컵에서 대한민국은 4위를 차지했다. '태극전사'라 불리는 실력 있는 주전 선수들이 대거 포진하고 있었다. 세계 4위를 얼마 전에 차지했는데, 아시안게임에서의 우승은 당연하다는 것이 축구협회나 한국 팬들의 생각이었다. 하지만 박 감독은 자국에서 열린 아시안게임에서 동메달을 획득하는 데 그친다. 대한축구협회는 냉정했다. 결과에 실망한 팬들도 있었다. 박 감독은 감독을 맡은 지 채 석 달이 되지 않아 경질되었다. 구체적인 이유는 거론되지 않지만 표면적으로는 축구협회와 맞선 것이 문제였다.

이런 힘든 일을 오래전에 겪어 봤던 박 감독이었기 때문에, 언론의 비판에 대해서는 크게 개의치 않았다. 한국에서는 인터넷으로 보도되는 기사와 댓글을 계속 보게 됐는데, 베트남에서는 언어도 달라서 잘 읽히지도 않고 들리지도 않았다. 오히려 이런 면이 타국에서 감독을 하는 데 장점이었다. 박 감독은 부임 초 이런 차가운 시선을 잘 극복했다. 그리고 현재는 많은 베트남 축구 팬들이 좋아하고 존경하는 영웅이자 마법사로 불린다.

감독의 자격

축구는 개인이 하는 경기가 아니다. 11명이라는 베스트 일레븐이 그라운드에서 함께 하는 게임이다. 후보 선수까지 합치면 보통은 23명이다. 감독과 코치, 피지컬 담당 등의 코칭스태프도 함께 한다. 팀을 응원하는 팬과 팀이 속한 국가나 구단도 있다. 이렇게 많은 사람을 이끌어가는 리더의 자리가 감독이다.

축구 감독은 어떤 사람들일까? 어떤 덕목을 갖춰야 감독이 될 수 있을까? 리더십, 용병술, 임기응변 능력, 소통, 승부 근성 등 다양한 능력이 요구된다. 한 게임 한 게임 전체적으로 보되, 경기를 지배하고 다양한 전략과 전술로 상대 팀과 맞서 승리해야 하는 자리다.

그런데 감독마다 팀을 운용하는 방식이 다르다. 감독마다 겪어온 경험이나 추구하는 스타일이 있기 때문이다. 감독들은 비슷한 면도 있으나 괴짜 같은 감독들도 있다. 하지만 감독이라면 공통적으로 추구하는 것이 있다. 그것은 팀의 승리다. 스타일은 조금씩 달라질 수 있지만 경기에서 이기고자 하는 목표는 같다.

박항서 베트남 축구 대표팀 감독은 무엇보다 승부 근성이 뛰어나다.

그는 1980년대 한국에서 프로축구팀 선수로 뛰었다. 그때 별명은 '악바리'였다. 작은 키였지만 지칠 줄 모르는 체력으로 그라운드를 누비며 팀 플레이에 공헌했던 선수였다.

그의 선수 시절을 기억하는 대한민국 전 국가대표팀 김호 감독은 이렇게 말했다.

"승부욕이 굉장히 강하고 지칠 줄 모르는 스태미나가 있었고, 승부욕이 강해서 팀에 많은 도움을 주는 선수였어요. 희생적이고요."

박 감독은 선수 시절 누구보다 승부욕이 강했다. 그것은 소속된 럭키금성 황소 구단을 리그 우승으로 이끄는 데도 큰 역할을 했다.

이런 선수로서의 승부 근성은 감독이 되어서 빛을 발하고 있다. 박 감독은 2002년 한일월드컵 당시 대한민국 대표팀의 히딩크 감독 밑에서 수석코치로 있었다. 박 감독은 이제 자신이 지도자 생활을 해야 한다며 한국을 떠나는 히딩크 감독에게 조언을 부탁했다.

이에 히딩크는 "어떤 경기든 지지 마라!" 라는 한마디를 남겼다. 히딩크 감독은 '평가전이든 친선전이든 경기에서 지기 시작하면 선수들은 감독을 신뢰하지 않게 되고 그것은 언론도 마찬가지라며, 모든 경기는 이기기 위해 싸워야 하고 이기라며, 그 승리를 바탕으로 신뢰를 확보하라'라는 말도 덧붙였다. 게임에서의 승리가 어떤 의미가 있고 영향을 주는지 강조한 것이다. 리더의 조건은 게임에서 이기는 것이라고 조언했다. 박 감독 역시 승부 근성이 강했기 때문에 히딩크의 말을 다시 생각해 보며 의지를 다졌을 것이다.

그래서였을까. 박 감독은 베트남 감독으로 부임 이후 치르는 모든 경기에서 승리하기 위해 최선을 다했다. 지난해 12월 25일 북한과의 평가전에서도 1-1로 비기며 A매치 17경기 무패행진을 이어갔다. 이 경기는 올해 1월 아시안컵을 앞두고 베트남 팀의 전력을 평가하기 위해서 벌어졌다. 경기에서는 여러 선수들이 경기 감각을 익힐 수 있도록 많은 선수를 교체했다. 베트남 대표팀은 스즈키컵에서 주전 선수들의 체력이 바닥났다. 주전 선수들의 체력회복은 승리에 결정적이라 박 감독은 이 부분에 많은 신경을 썼다.

세계적인 명장 거스 히딩크, 그는 특별한 감독이다. 네덜란드 국가대표팀을 맡아서 1998년 프랑스 월드컵 때 4강에 올려놓았다. 그의 가장 드라마틱하고도 인상적인 감독으로서의 업적은 2002년 월드컵에서 대한민국 대표팀 감독으로서 팀을 세계 4강에 올려놓은 사건이다. 히딩크 감독은 당시 약체였던 대한민국 대표팀이 경기에서 승리하기 위해서 무엇을 어떻게 해야 할지 정확하게 파악했다. 한국 선수들의 투지는 세계 최고 수준인데 체력이 약하다고 진단했다. 그와 더불어 실전에서 중요한 스피드도 떨어지는 것으로 판단했다. 또 나이 차이 때문에 친한 사람하고만 식사하고, 선 · 후배 간의 엄격한 위계질서 때문에 제대로 대화가 되지 않는 것도 문제로 삼았다.

히딩크는 코칭스태프와 함께 객관적인 시각으로 정확하게 대한민국 대표팀의 문제를 진단한 후 빠르고 확실하게 해결해 나갔다. 근력과 스피드를 측정해 가며 강화시켰다. 또 친하고 비슷한 나이대의 선수들만 모여서 하던 식사 문화도 바꿔 버렸다. 나이와 상관없이 골고루 선수들을 한 테이블에 배치시켜서 밥을 먹게 했다. 심지어 선 · 후배 간에 높임말도 못쓰게 했다. 선수들 사이에 원활한 의사소통을 방해한다는 이유에서였다. 여기에 더해 아무리 기량이 좋은 선수라 하더라도 팀 훈련 시간에 늦으면 훈련을 못 받게 했다. 경기 중 돌발 행동을 했던 골키퍼 김병지 선수는 스타팅 멤버에서 제외시켜 버리기도 했다.

이렇게 조직력 극대화를 통한 게임에서의 승리를 위해, 대한민국 대표팀을 하나하나 바꿔 갔던 히딩크의 작전은 맞아떨어졌다. 2002 월드컵에서 대한민국 대표팀은 강한 체력을 바탕으로 투지 넘치는 플레이를 펼쳤다. 대표팀 선·후배 사이에서도 원활한 의사소통이 이루어졌고 골이 필요할 때 선수들의 팀플레이로 골이 터졌다. 그 결과는 우리가 아는 대로다. 2002년 히딩크와 대한민국 대표팀은 신화를 썼다.

박항서 감독은 베트남 대표팀 감독을 맡기 전부터 훌륭한 감독의 조건을 갖추고 있었다. 앞서 이야기했던 강한 승부 근성 이외에도 선수들과의 격의 없는 소통, 코칭스태프와 선수들의 마음을 모아 하나의 팀을 만드는 능력, 나이 어린 선수들의 자존심까지 배려하는 세심한 리더십을 갖고 있었다.

박 감독은 2002년 히딩크 감독 밑에서 수석코치로 있으면서 선진축구를 많이 배웠다. 세계적인 감독은 어떻게 팀을 운영해 나가는지 배웠다. 박 감독은 2002년 이후 국가대표팀과 K리그의 프로팀을 맡으며 코치와 감독으로서 많은 경험을 쌓았다. 히딩크의 조언을 잊지 않고 경기에서 승리하는 축구를 지향하며 팀을 만들어왔다.

그의 팀 운영의 목표는 지지 않고 승리하는 게임을 지향하는 것이었다. 박 감독은 그것을 달성하기 위해 맡은 팀마다 최선을 다했다. 때로 성적이 부진하거나 구단과 팬들이 반대할지라도 크게 흔들리지 않았다. 자신만의 원칙이 있는 리더는 그 원칙대로 팀을 운영해 나간다. 박 감독은 승리한다는 자신의 원칙을 지키기 위해 노력했다. 그의 노력은 좋은 결과로 이어졌다. 소속된 팀을 리그에서 상위에 랭크시켰고 가끔은 우승도 맛봤다.

베트남축구협회는 2017년 가을 새로운 대표팀 감독을 영입하려고 공고를 냈다. 여기에 지원한 사람은 무려 300명이나 됐다. 300:1. 엄청난 경쟁률이다. 박항서 감독은 이 경쟁률을 뚫고 베트남 대표팀 감독으로 부임했다. 박 감독을 베트남축구협회에 소개한 이동준 DJ매니지먼트 대표는 인정이나 다른 것이 아닌 철저히 숫자에 기반 해 박 감독을 추천했다. 이 대표는 박 감독이 약팀을 이끈 감독으로서의 승률이 61%로 지원자들 중 최고였다고 했다.

협회는 이 객관적인 수치에 마음이 움직였다. 대한민국에서는 실업팀을 맡으며 은퇴를 앞둔 감독에게 새로운 문이 열린 것이다. 그는 충분히 준비된 감독이었다. 감독 시절 한 게임 한 게임 승리하기 위해 최선을 다한다는 그의 축구 철학이 만든 결과였다.

박 감독의 베트남 입성을 보며 평상시가 중요하다는 생각이 들었다. 평소에 어떻게 행동하고 결과를 이끌어 냈느냐 하는 것이 당시에는 잘 모르겠지만, 그것이 하나하나 쌓여 의미 있는 결과로 만들어지면 새로운 기회를 잡을 수 있는 발판이 될 수 있다. 박 감독은 자신이 베트남으로 가게 될지 꿈에도 몰랐다. 하지만 그는 결과론적으로 베트남으로 가기 위한 준비를 하나하나 해온 것이다. 당시에는 어떤 목적을 갖고 한 것은 아닐지라도 그의 성실함이 빛을 발했다.

> 일반 직원은 하루 8시간만 일하면 충분하다. 관리자는 하루 16시간 이상 일해야 한다. 잠자는 시간 외엔 전부 일에 쏟아부어야 한다는 뜻이다. 사장은 하루 20시간 이상 일해야 한다. 잠잘 때도 일하는 꿈만 꿔야 한다.
>
> -이우에 가오루, 산요전기 창업회장

이 문구에서 직원을 선수, 관리자를 코칭스태프, 사장을 감독으로 바꿔도 큰 무리는 없을 것이다. 물론 감독이나 코치 같은 선수도 있을 것이다. 리더는 꿈에서도 그 일을 생각할 만큼 일을 사랑하는 사람이다. 그것이 리더의 조건이다. 축구 감독 역시 마찬가지다. 박 감독은 인터뷰에서 "제가 축구 말고 다른 걸 잘하는 게 있다면 그걸 했을 겁니다. 하지만 저는 축구를 가장 잘하기에 축구를 합니다."라고 말했다.

박 감독은 1978년 대한민국 U-20 대표팀 선수로 활약한 이후 40년 이상 축구인으로 살아왔다. 선수로 코치로 감독으로. 지금은 대한민국에서 베트남로 국가만 바뀌었을 뿐 여전히 축구를 하고 있다. 처음 축구를 시작했던 때와 마찬가지로 지금도 축구에 열정을 쏟아붓는다.

박 감독은 승부 근성, 열정, 친화력을 갖춘 훌륭한 감독이다. 대한민국이 아닌 베트남에서 뒤늦게나마 인정을 받아 다행이다. 그는 매 순간 최선을 다한다. 2002년 영광과 좌절을 모두 경험했기 때문에 인기가 얼마나 덧없는 것인지도 잘 알고 있다. 이런 면이 그의 행보가 더 기대되는 이유다.

선수들과의 소통

팀으로 함께 뛰는 축구에서 소통만큼 중요한 것이 있을까. 감독과 선수 사이의 소통은 경기력을 좌우한다. 소통은 신뢰의 전제조건이다. 소통이 되어야 서로에게 믿음이 가기 때문이다. 그런 신뢰를 바탕으로 팀워크가 만들어진다. 축구에서의 승리는 팀워크에 달려 있다. 팀워크가 좋은 팀이 결국 승리한다. 감독은 강력한 팀워크를 만드는 것을 지상과제로 삼는다. 어떻게 하면 좀 더 팀워크를 유기적이고 강하게 만들 것인지 늘 고민한다. 이것이 축구 감독이 하는 고민의 처음이자 끝이 아닌가 싶다.

박항서 감독은 아주 소탈하고 친근하게 다가가는 성격이다. 사람의 성격은 잘 변하지 않는다. 2018년 12월 15일 저녁은 베트남 축구에 경사가 난 날이다. 2008년 이후 그렇게 바라던 아세안축구연맹AFF 챔피언십 대회에서 10년 만에 우승을 거둔 역사적인 날이기 때문이다. 이 대회는 동남아시아의 월드컵으로 불린다. 동남아시아의 축구 열기는 유럽이나 남미 못지않게 뜨겁다. 베트남은 축구 외에 야구나 농구 등의 스포츠가 발달해 있지 않다. 사실상 축구가 국기다. 베트남은 축구를 일찍부터 좋아하고 열심히 했지만 성적이 좋지 않았다. 그런데 이번에 박항서 감독이 와서 국제대회에서 연이어 탁월한 성적을 거두며 베트남 국민들에게 자부심과 자긍심을 고취시켰다. 베트남 대표팀과 국민들에게는 기적과도 같은 일이 일어난 것이다.

베트남이 올해 아세안축구연맹AFF 챔피언십 대회에서 우승 후 박 감독은 기자회견을 했다. 우승 소감과 우승의 원동력, 힘들었던 점 등에 대한 기자들의 질문에 대답했다. 그런데 기자회견 도중 베트남 대표팀 선수들 두세 명이 샴페인을 들고 들어왔다. 선수들은 기자회견장에 앉아 있던 박 감독에게 샴페인을 뿌리며 천진난만한 표정을 지었다. 기자회견에 집중하고 있던 박 감독은 순간적으로 일어난 일이라 당할 수밖에 없었다. 하지만 인상을 찌푸리기는커녕 손으로 얼굴에 흘러내리는 샴페인을 닦으며 장난기 어린 선수들을 향해 엄지를 치켜세웠다. 그만큼 박 감독이 평소에 선수들과 격의 없이 지내는 모습을 볼 수 있는 장면이었다.

박 감독은 베트남 대표팀을 맡으면서 선수들과 말이 통하지 않아서 소통하기 위해 스킨십을 시도했다. 말이 통한다면 쉽게 말로써 할 수 있는 부분도, 그렇지 않기 때문에 몸을 써서 표현한 것이다. 베트남 선수들 대부분이 박 감독의 아들보다 나이가 어리다. 박 감독은 어린 선수들을 아들처럼 생각하고 따뜻하고 자상하게 대한다. 경기 전·후 출전한 선수들의 목을 손으로 터치하며 힘을 불어넣어 주며 수고했다는 말을 대신한다.

박 감독은 연습 경기 때도 선수들에게 가벼운 농담을 던지거나 장난을 하면서 딱딱한 분위기를 부드럽게 만드려고 노력한다. 베트남 선수들도 아버지뻘 이상 차이가 나는 박 감독에게 스스럼없이 다가간다. 감독과 선수 간의 이런 부드러운 분위기가 서로 간의 신뢰를 강하게 만들었다. 이것은 알게 모르게 경기력과 연결된다. 박 감독은 자연스럽게 선수들의 마음을 움직였다. 어떤 의도에서 그렇게 했다기보다는 서로 믿으면서 좋은 팀을 만들자는 마음으로 부담 없이 다가간 것이다.

베트남 대표팀에서의 이런 격의 없이 선수들에게 다가가는 박 감독의 모습은 처음이 아니다. 박 감독은 창원시청 감독을 맡으면서도 이런 모습을 보였다. 선수와 가깝게 지내기 위해 노력했다. 감독과 선수 사이에 권위로 따르게 하는 것이 아니라 자연스럽게 친해지고 그로 인해 서로 간의 거리가 좁혀지면서 신뢰하는 관계로 발전한 것이다.

박 감독은 또 프로팀은 뛰어난 선수들이 많고 실업팀은 그렇지 않다는 생각도 하지 않았다. 축구 선수는 어디서든 축구 선수이며, 그것 자체만으로 존중받고 사랑받아야 할 존재로 생각했다. 그는 실업팀 창원시청에 있을 때도 선수 한 명 한 명을 자신의 아들처럼 아꼈다. 또 따뜻하고 자상하게 대했다.

창원시청의 한 선수는 박 감독에 대해 이렇게 말했다.

"감독과 선수 사이에 벽을 안 두려고 하시고 최대한 가깝게 지내려고 하셨어요. 그러다 보니 선수들도 감독님을 더 따랐습니다."

또 박 감독은 선수들이 부상을 당하는 것에 굉장히 안타까워했다.

그래서 경기 후 다친 선수들을 치료하는 치료실에 굉장히 자주 찾아갔다. 선수들이 괜찮은지 부상은 심하지는 않은지, 다음 경기를 뛰는데 지장은 없는지를 직접 눈으로 살피고 선수들과 아픔을 함께 나눴다. 이런 박 감독의 모습에 선수들은 힘을 얻었을 것이다. 팀을 이끄는 감독이 직접 자신들을 챙기고 걱정한다는 것을 느끼고 앞으로 더 열심히 뛰고 최선을 다해야겠다는 마음이 들었음은 물론이다.

또 박 감독은 선수들의 생일을 꼭 챙기려고 노력했다. 생일을 맞은 선수를 개인적으로 불러서 함께 축하했다. 그리고 선수에게 필요하다고 생각되는 책을 한 권 선물해 주었다. 책의 맨 앞 장에는 '같은 팀에서 뛰게 돼서 감사하다, 앞으로도 최선을 다해 달라' 등의 문구를 적었다. 선수들을 마음으로 생각하지 않는다면 하기 힘든 일이다. 부지런해야 할 수 있는 일이다. 몸이 두 개라도 모자랄 감독으로 일하면서 살뜰히 선수들을 챙긴 것이다.

박 감독의 친근하고 소탈한 이미지가 부각된 사진이 언론에 보도된 적이 있다. 그것은 베트남 선수가 자신의 페이스북에 올린 한 장의 사진이었다. 사진에는 박 감독이 경기를 마친 베트남 선수를 찾아가 직접 마사지를 하고 있었다. 선수 숙소로 보이는 방에 찾아간 박 감독은 검정 플라스틱 시계를 찬 왼손을 턱으로 괴고 오른손으로 마사지 기계를 잡고 선수의 왼발 안쪽 아킬레스건 쪽을 마사지하고 있다. 박 감독의 표정은 약간 피곤해 보이면서도 별 생각이 없어 보인다.

대한민국에서 감독과 선수와의 관계는 보통 수직적이고 권위적이다. 요즘은 그런 부분이 많이 나아졌다고 하지만 아직까지는 감독과 선수는 어려운 관계다. 박 감독은 대한민국에 있을 때부터 소탈하고 낮은 리더십을 보여 줬다. 베트남에 가서는 선수들에게 더 가까이 다가갔다. 말이 통하지 않으니 행동으로라도 선수들과 교감하기 위해 노력했다.

이런 박 감독의 진정성 있는 행동은 선수들의 공감과 신뢰를 얻었다. 선수들과의 몸을 통한 소통은 진정 선수들이 부상당하지 않고 건강하게 경기를 했으면 좋겠다는 마음에서 우러나온 행동이었다. 박 감독은 이렇게 격의 없이 편하게 선수들과 지냈다. 이것은 베트남 대표팀의 실력 향상을 가져왔고 좋은 성적이라는 결과로 연결됐다.

> 소통에서 가장 먼저 취해야 할 행동은 대화하는 사람 누구에게나 존경심을 보여 주는 것이다. 사람들이 당신을 존경하지 않는다면 당신에게 마음을 열지 않는다.
>
> -리치 디보스, 암웨이 공동 창업자

베트남 국민들은 자존심이 세다. 베트남 대표팀 선수들도 마찬가지다. 박 감독은 이런 베트남 선수들의 특성을 잘 파악하고 그에 맞게 행동했다. 나이 어린 선수들이지만 잘못을 지적하거나 질책할 일이 있으면 여러 사람들 앞에서 이야기하는 것은 피했다. 대신 개인적으로 불러서 말했다. 그만큼 베트남 선수 개개인을 존중했다.

스포츠 선수들은 육체적으로 힘든 훈련을 받는다. 몸이 고되면 정신도 고되다. 그리고 감독이나 코치는 대부분 선수보다 나이가 많은 그 분야의 베테랑이다. 자신의 선배인 경우도 있다. 그래서 지도자가 선수에게 쉽게 대하는 경우가 많다. 그러다 보면 예의를 갖춰서 대해야 할 때도 그렇지 못하는 경우도 있다. 선수들 가운데도 민감한 성격의 소유자가 있다. 그들은 차마 말하기 힘들지만 자신이 존중받고 있지 못하다는 것 때문에 속이 상하거나 스트레스를 받을 때도 있다.

그런데 박 감독처럼 선수를 인격적으로 대하고 존중하면서 자신의 잘못을 지적한다면 고치기 위해 노력할 것이다. 사람은 잘못을 지적받으면 감사해하기보다 화를 내기 쉽다. 하지만 프로선수는, 국가대표라면 지도자의 진심 어린 고언에 잘 따라야 한다. 문제는 그게 쉽지 않다는 것이다. 인간관계는 소통이 전부다. 너와 내가 통한다는 것. 그러면 서로를 믿을 수 있다. 믿을 수 있으면 마음을 다해 어떤 일을 같이할 수 있다. 그런 마음으로 일한다면 결과도 대부분 좋다. 박 감독은 강력한 카리스마를 소유하고 산꼭대기에서 선수들에게 올라오라고 손짓하는 리더가 아니다. 그는 물과 같이 낮은 자세로 어디든 스며드는 친근한 리더십을 발휘했다. 자상함, 따뜻함, 진정성, 인간적인 배려로 이국의 젊은 선수들에게 다가갔다. 이것은 박 감독이 베트남에 왔다고 해서 갑자기 한 돌발 행동이 아니다. 대한민국에 있을 때부터 해왔던 것이다.

박 감독을 통해 무엇이 진정으로 사람을 움직이는지 알 수 있었다. 무엇이 팀을 강하게 만드는지도 배울 수 있었다. 그는 진심으로 다가갔다. 감독과 선수라는 관계가 아닌 사람 대 사람으로 다가간 것이다. 베트남 선수들은 느꼈을 것이다. 박 감독이 자신을 어떻게 생각하는지. 어떤 온도로 대하는지.

그들은 자신에게 따뜻하게 다가온 외국의 나이 많은 감독에게 마음을 열었다. 자신이 펼칠 수 있는 플레이를 마음껏 펼쳤다. 90분 내내 지치지 않았다. 호흡도 척척 맞았다. 체격은 약하지만 체력은 강했다. 슛은 날카로웠고 수비는 강력했다. 베트남은 이전의 베트남이 아니었다. 이제 베트남은 어떤 팀을 만나도 두려워하지 않는다. 처음 보는 눈밭에서도 결코 주눅 들지 않았다. 감독과 선수가 소통하며 하나의 강력한 팀이 되었기 때문이다. 소통의 힘이 어떤 것인지 그들을 통해 느낄 수 있다.

철저한 준비

승리와 패배는 경기 전에 결정되는지도 모른다. 경기를 제대로 준비한 팀이 그렇지 못한 팀보다 실력이 우위에 있고, 경기는 다만 그 결과를 확인하는 과정에 지나지 않다고 볼 수 있기 때문이다.

준비를 제대로 한 팀은 그렇지 못한 팀에 비해 실전에서 확실히 다르다. 수비 조직력이 좋아서 실점을 하지 않는다거나, 90분 내내 지치지 않는 강철 체력을 과시한다거나, 정교한 세트피스로 골을 넣는다.

국제대회에서 이렇다 할 성적을 거두지 못한 베트남 대표팀이 어떻게 감독이 바뀌고 나서 완전히 다른 팀이 되었는지 놀랍다. 사람들은 베트남 대표팀의 극적인 변화를 박항서 감독의 영향력이 컸다며 '박항서 매직'으로 부른다.

박항서 감독은 어떻게 짧은 시간 안에 베트남 대표팀을 바꿔 놓았을까? 베트남 축구의 놀라운 변화 이면에는 감독의 철저한 준비가 있었다. 우선 큰 그림을 그리고 경기에서 다양한 변수가 생길 때마다 새로운 전략을 세워서 팀을 운영했다. 그것에서 그치는 것이 아니라, 실제 경기에서 전술이 잘 먹히고 있는지 눈으로 보면서 잘 안 되는 부분에 대해서는 고함을 치며 선수들을 독려했다. 감독의 작전을 베트남 선수들은 그라운드에서 멋진 플레이로 만들어 냈다. 대부분의 경기는 승리했다. 이기지는 못해도 경기 자체에서 패하는 경우는 드물었다.

베트남에 도착 후 박 감독을 비롯한 베트남 대표팀 코칭스태프는 국가대표팀을 꾸리기 위해 30명의 선수를 선발하는 작업에 착수했다. 코칭스태프는 남북으로 1,600km나 길게 뻗은 베트남 전역을 돌며 벌어지는 V리그를 직접 관람하며 선수를 선발했다. 북부의 하노이부터 다낭을 거쳐 남부의 호치민까지 베트남 리그에서 숨어 있는 인재를 뽑기 위해 부지런히 움직였다.

그 과정이 순탄치만은 않았다. 남북으로 길게 뻗은 베트남은 도로가 잘되어 있지 않아 교통 사정이 좋지 않았고, 코칭스태프의 동선과 경기 일정이 잘 맞지도 않았다. 박 감독과 이영진 수석코치, 배명호 피지컬 코치는 베트남축구협회가 있는 하노이에 거주하면서 가장 가까운 곳은 박 감독이, 그다음은 이 수석코치가, 가장 먼 곳은 배 코치가 갔다.

선수 선발의 기준은 '실력'이었다. 박 감독이 베트남 리그를 관중석에서 관람하면, 경기를 뛰는 베트남 선수들은 박 감독이 보고 있다는 사실만으로도 한껏 고무되어 경기에 최선을 다한다. 박 감독의 눈에 들면 국가대표가 될 수도 있기 때문이다. 박 감독은 관중석에 앉아 경기를 보며 눈에 띄는 플레이를 펼치는 선수를 꼼꼼하게 메모했다.

베트남은 1960년부터 1975년까지의 전쟁으로 아직까지 남북 사이에 보이지 않는 지역감정이 남아 있다. 베트남 대표팀을 남쪽 출신 감독이 맡으면 북쪽 출신의 선수를 뽑지 않으려 했고, 북쪽 출신이 감독으로 있을 때는 남쪽 출신 선수를 뽑지 않으려고 했다. 경기 중 북쪽 선수는 남쪽 선수에게 패스하기를 기피했고 남쪽 선수도 마찬가지였다.

그런데 외국인인 박 감독이 와서 오직 '실력'을 기준으로 선수를 선발했다. 그래서 베트남 대표팀 내의 지역감정이 상당 부분 줄어 들었다. 박 감독은 남북을 가리지 않고 대표팀에서 활약할만한 실력을 갖춘 선수를 국가대표로 선발했다. 박 감독의 지역을 가리지 않는 선수 선발은 남북으로 갈라진 베트남 내 지역감정의 벽을 허무는 결과도 가져왔다. 자신도 모르게 하나의 베트남을 만드는 데 기여한 것이다.

얼마 전 우승한 아세안축구연맹AFF 챔피언십 대회에서 박 감독은 게임 운영의 묘미를 선보였다. 캄보디아와의 예선전에서 쪽지로 선수들에게 전술을 지시했다. 후반전 경기 중 박 감독은 홍 즈이 선수에게 쪽지를 건넸다. 거기에는 쯔엉을 수비형 미더필드로 올리고, 4-1-4-1로 포메이션에 변화를 주라는 메모가 적혀 있었다. 쪽지로 전술을 지시하는 것에 의아해하는 사람도 있었다. 하지만 이것은 박 감독이 얼마나 게임을 철저히 준비했는지 보여 주는 증거다. 박 감독은 대회에서 4-2-3-1, 4-1-2-3 등 베트남 대표팀에 다양한 포메이션을 적용했다. 이런 짜임새 있는 전술로 베트남을 대회 우승으로 이끌었다. 이렇게 철저히 준비하지 않았다면 베트남은 이번 대회에서 우승하기 힘들었을 것이다.

경기 중 선수들은 그라운드 안에 있기 때문에 자신들의 플레이를 객관적으로 보기 힘들다. 그에 비해 경기장 밖에 있는 감독과 코칭스태프는 선수들을 객관적으로 파악하기가 쉽다. 경기 흐름을 읽고 그에 맞게 적절히 대처할 수 있다. 작고 미세한 신호라도 감지하면 즉각 대처하는 것이 중요하다. 득점 없이 공이 오가는 경기라 하더라도 경기 흐름은 매 순간 달라진다.

박 감독은 오늘 컨디션이 좋은 선수가 있다면 그 선수를 전반전부터 투입한다든지, 경기 중 부상당한 선수가 있으면 부상의 정도와 전술에 따라 적절하게 교체한다든지, 오늘 경기에서 플레이가 잘되지 않는 공격수를 결정적일 때 한 방을 위해 끝까지 믿고 기용한다든지 등 오랜 지도자 경험을 통한 통찰력으로 용병술을 발휘해 경기의 승리에 결정적인 역할을 했다. 박 감독은 이런 선수 운용에 탁월했다.

박 감독은 팀의 승리를 위해 철저히 준비한다. 그의 전속 통역 담당인 르 후이는 박 감독은 경기를 준비할 때 밤을 새워 상대 팀의 비디오를 보며 경기를 분석하는 '워크 홀릭'이라고 한다. 그는 상대팀의 포메이션과 주요 선수를 눈여겨보며 강점은 무엇이고 약점은 무엇인지 철저히 분석한다. 박 감독은 베트남 대표팀을 맡은 지 얼마 되지 않았을 때 상대 팀뿐만 아니라, 베트남 대표팀에 대한 분석도 같이했을 것이다. 두 배의 노력이 필요했다.

축구 감독의 목표는 팀의 승리다. 다가오는 대회에서 같은 조에 속한 팀에 대한 분석 및 대응 방안, 좋은 선수 발굴, 대표팀 선수들의 훈련을 통한 사기와 체력 관리, 코칭스태프 간의 회의 등 그야말로 할 일이 빼곡하다. 그런 와중에 자신에 대한 체력 관리 또한 소홀히 할 수 없다.

박 감독은 베트남 전역에서 고른 인재를 등용하고 경기마다 다양한 전술로 경기를 지배하기 위해 노력했다. 그 결과 베트남 대표팀은 참가하는 대회마다 놀라운 성과를 보여 줬다. 그것은 운이 좋아서 만은 아니었다. 감독과 선수들이 혼연일체로 준비되어 있었기 때문에 가능했다. 1억 베트남 국민들의 열광적인 응원 또한 큰 힘이 됐다.

아세안축구연맹AFF 스즈키컵 결승 1차전은 말레이시아의 수도 쿠알라룸푸르에서 열렸다. 베트남의 원정 경기였다. 홈팀 말레이시아의 8만 7,000 관중은 노란색 옷을 입고 말레이시아 국기를 흔들며 경기 내내 열광적으로 말레이시아를 응원했다. 결승 1차전이 끝난 후 기자회견에서 박 감독은 라커룸에서 본 자신도 말레이시아의 응원에 기가 눌릴 지경이었는데, 베트남 선수들에게 그걸 감당하기가 쉽지 않았을 것이라고 했다.

원정 팀 베트남은 전반 후이 훙의 선제골과 3분 뒤 터진 판 득 후이의 추가골로 2-0으로 앞서가고 있었다. 박 감독은 1차전 원정 경기에 주전 공격수들을 쉬게 했다. 대신 자주 기용되지 않는 선수들로 1차전 공격을 맡겼다. 그 선수들이 골을 넣은 것이다. 박 감독의 용병술은 적중했다. 홈 관중의 일방적인 응원 때문이었는지, 전반 36분 말레이시아의 샤를 사드가 만회골을 넣으며 반격을 시작했다. 후반전 15분에는 말레이시아의 사파위 라시드가 동점골을 넣었다. 베트남은 원정 경기에서 두 골을 앞서가고도 아쉽게 2-2로 비겼다.

결승 2차전은 베트남 하노이의 미딩국립경기장에서 4만 베트남 축구 팬이 열성적으로 베트남 대표팀을 응원하는 가운데 진행되었다. 1차전과는 양상이 완전히 바뀌었다. 자국 국민들의 열광적인 응원에 힘입어 베트남은 전반 5분 말레이시아 선수들이 채 몸이 풀리기 전 아인득이 골을 넣었다. 베트남은 이 골을 끝까지 잘 지켰다. 박 감독은 승부수를 홈에서 벌어지는 2차전에서 띄웠다. 홈 팬들의 열화와 같은 응원, 주전 선수들의 대거 투입으로 베트남은 승리하며 10년 만에 스즈키컵을 베트남으로 가져왔다.

지피지기 백전불태 知彼知己 百戰不殆

-《손자병법》

춘추전국시대 장군이었던 손무는 《손자병법》에서, '상대를 알고 나를 알면 백번 싸워도 위태롭지 않다'고 했다.

축구는 전쟁이다. 전쟁의 목표는 승리다. 아군의 피해는 최소화하면서 적에게 승리하는 것, 그것이 싸움의 목표다. 축구는 11명의 선수들과 감독, 코칭스태프가 함께 싸우는 기 싸움이다. 보이지 않는 열두번째 선수인 관중의 힘도 작용한다. 팀이 게임에서 이기기 위해서 가장 중요한 건 감독의 머리에서 나오는 전략이다. 감독의 작전은 게임에서 팀의 승패를 좌우한다.

박항서 감독의 축구 철학은 승리하는 것이다. 그는 오랜 지도자 생활을 통해 경기에서의 승리가 감독에 대한 선수들의 신뢰를 만든다는 것을 잘 알고 있다.

이것은 2002년 월드컵에서 감독과 코치로 한 솥밥을 먹은 히딩크 감독이 박 감독에게 알려준 덕목이기도 하다.

금성홍기에 손을 얹다

베트남의 국기는 빨간색 바탕에 금색 별이 새겨진 '금성홍기金星紅旗'다. 빨간색은 혁명의 피와 조국의 정신을, 금색 별의 다섯 모서리는 각각 노동자, 농민, 지식인, 청년, 군인 등 다섯 주체의 단결을 상징한다. 금성홍기는 2차 세계대전 직후 1945년 9월 4일 베트남 민주공화국으로 독립할 때 처음 만들어졌다. 이후 제1차 인도차이나전쟁이 끝난 1955년 11월 30일, 이전 기에서 별의 5각을 더욱 날카롭게 수정하여 북北베트남의 국기인 '금성홍기金星紅旗'로 제정하였다. 베트남전쟁에서 승리한 뒤에는 1976년 7월에 통일 베트남의 국기로 정하였다.

금성홍기에는 베트남의 역사가 담겨 있다. 오랫동안 프랑스의 식민지로 있다가 2차 대전에서 일본의 패망으로 가까스로 북베트남을 차지하고, 다시 프랑스와의 전쟁을 거쳐 미국과 연합한 남베트남을 물리치고 통일을 이루기까지 베트남 국민의 피와 땀이 고스란히 묻어 있는 상징물인 것이다. 베트남 국기는 베트남 정신이다. 베트남의 혼이 담겨 있는 소중한 물건이다.

영화 〈국제시장〉을 보면 배우 황정민과 김윤진이 부부싸움을 하던 중 애국가가 흘러나오는 장면이 나온다. 그들은 초등학교 운동장의 벤치에 앉아 있었다. 당시는 1970년대 초로 박정희 대통령 시절이었다. 애국가가 나오면 누구든지 하던 일을 멈추고 가까운 곳에 있는 태극기를 향해 가슴에 손을 얹고 국기에 대한 경례를 하던 시기였다. 오후 해 질 녘 애국가가 흘러나오자 두 사람 주위의 모든 사람이 일어나 가슴에 손을 얹었다. 부부싸움을 하던 그들만 빼고 말이다. 부부 근처에 있던 노인이 국기에 대한 경례를 하며 눈치를 준다. 왜 경례를 하지 않느냐는 무언을 메시지를 보낸다. 할 수 없이 부부도 일어서서 다른 사람들처럼 국기에 대한 경례를 했다.

오래전 한국인들에게 태극기는 그 자체로 존중의 대상이었다. 1948년 8월 15일 대한민국이 일본에서 독립했을 때 모든 국민은 태극기를 흔들며 기뻐했다. 국가의 중요 행사에 태극기가 등장하고 애국가를 제창한다. 올림픽에서 대한민국 선수가 메달을 따도 태극기가 올라간다. 대한민국 국민이 태극기를 보며 자긍심과 자부심을 갖는 것처럼, 베트남 국민들은 금성홍기를 보며 그와 비슷한 마음을 가진다.

박항서 감독은 베트남 국기인 금성홍기에 손을 얹었다. A매치가 시작 전 경기하는 양국의 국기를 그라운드에 펼치고 양국의 국가가 흘러나온다.

박 감독은 베트남 국가가 나오면 유니폼의 금성홍기가 새겨진 왼쪽 가슴에 손을 얹는다. 이 장면은 TV를 지켜보는 많은 베트남 국민들에게 생중계된다.

골키퍼로 대한민국 국가대표를 지낸 김병지 선수는 말한다.

"베트남 국가가 나올 때 가슴에 손을 얹은 외국인 지도자는 없었다는 거예요. 박항서 감독님이 처음이었습니다. 이 자체가 벌써 베트남에 울림이 있었던 거죠."

그리고 베트남 대표팀의 드 뒤만 선수는 말한다.

"감독님께서는 매 경기 전 베트남 정신을 늘 일깨워 주십니다. 우리는 베트남 사람이니까 자신 있게 플레이하라고 하십니다."

김병지 선수의 말대로 외국인 감독이 자국 국가가 흘러나올 때 금성홍기가 새겨진 가슴에 손을 얹으며 예를 표하는 장면에 많은 베트남 축구 팬들은 남다른 감정을 느꼈을 것이다. 박 감독은 베트남 대표팀 감독이기 때문에 국가가 흘러나와서 자연스럽게 예를 갖추었다고 한다. 정신적으로 베트남 국가대표팀 수장으로서의 자세가 되어있었다. 박 감독 자신부터 베트남 정신으로 무장하고 있었다. 박 감독은 베트남 프로팀의 감독을 맡고 있는 것이 아니다. 프로팀 감독이었으면 경기에 임하는 자세가 지금과는 달랐을지도 모른다. 그는 베트남 국가대표팀을 맡고 있다. 야구도 농구도 그렇다고 배구도 거의 활성화되어 있지 않은 나라에서 국기에 가까운 축구를 열성적으로 응원하는 베트남에서 말이다.

자국 국기에 손을 얹으며 예를 표하는 외국인 감독에 베트남 국민들은 신선한 충격을 느꼈을 것이다. 이전 외국인 감독들과는 확연히 다른 감정이 들었을 것이다. 국민들은 베트남 대표팀과 자신을 하나로 생각하는 비장한 마음을 박항서 감독에게서 느꼈을 것이다. 팬들은 '저 감독은 이전 감독들과는 뭔가 다르구나', '우리 대표팀이 새로운 감독이 와서 어떻게 달라질까?'라는 기대를 가졌을 것이다.

박 감독은 1957년생이다. 10대에 한국에서 중학교와 고등학교를 다니며 자연스럽게 국가에 대한 충성심을 가졌다. 또 그 시절 학생들이 그랬던 것처럼 국기에 대한 맹세와 국기에 대한 경례를 했다. 한국인 박항서에게 국기에 대한 경례는 자연스러운 것이었다. 애국가가 울려퍼지면 가슴에 손을 얹는 것은 당연한 행동이었다. 이런 청소년 때의 경험이 베트남에서 축구대표팀을 맡으면서도 자연스레 이어진 것이 아닐까.

아무튼 박 감독이 금성홍기에 손을 얹으며 베트남에 대해 예를 갖춘것은 보는 사람에게 감동을 줬다. 그 모습은 자신의 모든 것을 베트남에 쏟아붓겠다는 부임 때의 말을 떠올리게 한다. 그동안 축구를 하면서 배운 모든 지식과 경험을 베트남 축구 선진화를 위해 후회 없이 사용하겠다고 담담하게 다짐하는 장면이 지나간다. 그 모습에서 모든 경기에 최선을 다하겠다는 의지가 느껴진다. 올 테면 와 봐라, 한번 해 보자는 배짱이 느껴진다.

베트남 축구팬들은 말한다.

"박 감독님이 오시고 베트남 대표팀은 무슨 일이 있어도 포기하지 않는 정신이 생겼습니다."

"모든 베트남 국민 속에 자랑이라는 것이 생겼습니다."

박항서 감독은 베트남 대표팀을 바꿨다. 선수들의 플레이에서 베트남 국민들은 변화를 실감한다. 대표팀은 이전처럼 경기에서 무기력하게 무너지는 플레이를 하지 않는다. 팬들은 90분 내내 투지 넘치는 플레이를 펼치는 대표팀에 무한한 자부심이 생겼다.

대표팀은 이제 국민들이 자랑이 되었다. 1억 베트남 국민들 마음속에 할 수 있다는 자신감을 불어넣었다. 확실히 베트남은 동남아시아의 축구 강자로 올라섰다. 아시아 대륙에서도 다크호스로 떠올랐다. 그 밑바탕에는 금성홍기에 손을 얹고 게임에 임하는 박항서 감독이 있다. 박 감독의 조국은 대한민국이다. 그는 대한민국 경상남도 산청군이 고향이다. 그런 박 감독에게 제2의 조국이 생겼다. 그 나라는 북부의 수도 하노이부터 남부의 대도시 호치민에 이르기까지 길게 뻗은 베트남이다.

> 남을 사랑하는 사람은 남에게 영원히 사랑을 받고, 남을 존경하는 사람은 영원히 남에게 존경을 받는다.
>
> -맹자, 고대 중국의 철학자

박 감독은 외국인이지만 베트남 대표팀의 경기가 시작되기 전 베트남 국가가 울려퍼질 때 금성홍기에 손을 얹었다. 그만큼 베트남에 대한 존중을 표했다. 그 때문이었을까. 베트남 선수들의 플레이는 달라졌다. 물론 코칭스태프의 철저한 전략과 전술로 준비되어 있었고, 경기 전 선수들의 피나는 훈련이 있었다. 그런데 이것은 다른 팀들도 준비하는 것이다.

정작 중요한 것은 따로 있다. 축구는 11명의 선수가 같이 뛰는 경기다. 개인기도 중요하지만 조직력이 뛰어난 팀이 결국 승리한다. 박 감독은 이 부분을 누구보다 잘 알고 있다. 그는 경기 시작 전 선수 대기실에서 선수들을 모아놓고 '우리는 베트남 사람이다. 우리가 누구인지 보여 주라'면서 베트남 정신을 강조한다.

감독의 비장한 목소리를 들은 선수들은 자신이 베트남 사람이라는 것을 자랑스럽게 여긴다. 조국 베트남을 위해, 자신들을 전폭적으로 응원하는 팬들을 위해, 경기 내내 가슴 졸이며 지켜보는 가족을 위해 그리고 자기 자신을 위해 최선을 다해 뛰겠다는 마음을 먹는다. 이렇게 정신적으로 무장한 선수들은 이전의 선수들과는 확연히 달라진 모습을 보였다. 그것은 경기력으로 나타났고 연이은 국제대회에서 우수한 성적으로 나타났다. 팬들의 가슴속에는 자부심을 심어주었다. 베트남 대표팀은 국민들의 자랑이 되었다.

금성홍기에 손을 얹은 사람은 박 감독뿐만 아니다. 이영진 수석코치와 배명호 피지컬 트레이너 역시 가슴에 새겨진 금성홍기에 손을 얹었다. 그만큼 한국인은 애국심이 강하다. 자신의 나라가 아니라 축구로 인연을 맺은 다른 나라에 대해서도 예를 갖춘다. 대한민국은 동방예의지국이다. 대한민국에서 가장 중요하게 생각하는 덕목이 '예禮'다. 그 부분이 한국 지도자들의 행동으로 표현된 것이다.

베트남과 한국은 유교 문화권이다. 민족과 언어는 다르지만 문화의 기본 뿌리는 비슷하다. 두 나라는 남북으로 분단된 경험이 있다. 베트남은 통일이 되었지만 한국은 그렇지 못하다. 두 나라는 문화와 분단이라는 비슷한 키워드도 공유하고 있다. 박 감독이 베트남에서 좋은 성과를 올리고 있는 것에는 이런 부분도 작용하고 있는 것이다. 하지만 지금보다 베트남을 더 알고 배우는 자세가 필요하다. 사랑하면 알게 되고 알게 되면 보인다고 했다. 조금 더 다가가 자세히 보면 그들과 더 가까워질 수 있을 것이다.

체력은 국력

모든 스포츠에서 체력은 중요하다. 체력은 기초다. 축구에서도 마찬가지다. 이때 체력은 단순히 90분 내내 뛸 수 있는 지구력만을 의미하지는 않는다. 순간적으로 적진에 빠르게 침투할 때 필요한 순간 스피드, 상대 공격수가 우리 위험 진영으로 넘어왔을 때의 강한 압박 능력도 포함된다. 현대 축구는 단순히 자기 포지션만 소화하면 되는 게 아니다. 공격수도 필요하면 수비 진영까지 내려와서 적극적으로 수비에 가담해야 하고, 미드필더도 기회가 나면 상대 진영까지 치고 올라가서 슛을 때릴 수 있어야 한다. 수비수 역시 공격 기회가 엿보이면 미드필더와 공격수 역할을 할 수 있어야 한다. 이 모든 것이 가능하려면 90분 내내 뛰어도 지치지 않는 체력이 필요하다. 그런 체력을 바탕으로 상대 팀에 적절한 전략과 기술이 결합해 승부가 결정된다.

2002년 월드컵 때 대한민국 대표팀을 맡았던 히딩크 감독은 2001년 1월 중순 한국팀의 첫 연습경기 후 선수들의 체력이 약하다는 진단을 내렸다.

> 오늘 선수들의 뛰는 모습을 본 결과 기술은 충분한 반면 체력에는 다소 문제가 있다. 지난 1998년 월드컵 네덜란드 전에서 한국은 처음에는 밸런스를 잘 유지하다가 후반 중반부터 급격하게 무너졌다. 이유는 전술적인 노하우와 체력이 떨어진 탓이었다.
>
> -《히딩크 500일의 기록》 정해성, 박용철 저, 컴온스포츠, 2002. p. 118

히딩크 감독은 2001년 2월 두바이 4개국 대회 후 기자회견에서 축구의 기본은 기술이지만 체력이 뒷받침되지 않으면 어떤 기술도 먹히지 않는다며, 운동장에서는 체력과 스피드에서 앞서는 선수가 이길 수밖에 없다고 했다. 그리고 체력이 좋더라도 기량이 형편없다면 문제지만 다행히 한국 선수들의 기량은 강호들에 비해 크게 뒤지지 않는다고 평가했다.

또 히딩크 감독은 2001년 5월 12일, 컨페더레이션스컵 명단 발표 후 안정환과 이동국 그리고 김병지 선수는 준비가 덜 돼서 주전에서 탈락시켰고, 대신 체력과 경기력을 갖춘 선수를 선택했다. 설기현처럼 다소 뒤처진 클럽에서라도 꾸준히 경기에 출전하는 것을 중요하다고 했다. 즉 체력과 경기력을 갖춘 선수의 중요하게 여겼다.

한편 2002 월드컵 때 대한민국 대표팀에서 히딩크 감독과 함께 호흡을 맞춘 정해성 코치는 축구는 농구와 달리 체격보다는 위치 선정과 집중력, 체력 등이 필요하다는 점을 주목할 필요가 있다며, 이런 것들이 잘 됐기 때문에 한국이 좋은 성적을 낼 수 있었다고 했다.

히딩크 감독은 대한민국 대표팀의 체력과 스피드를 집중적으로 강화시키는 훈련을 했다. 또 2002년 월드컵 본선을 앞두고 프랑스, 체코 등 강팀들과 경기하면서 세계 강호들과의 실전 경험을 쌓았다. 이렇게 실력을 쌓은 한국팀은 월드컵 본선 조별 리그와 16강, 8강에서 세계 강호를 연달아 격파하며 4강에 올랐다.

베트남 대표팀을 맡은 박항서 감독도 베트남 선수들에 대한 자료를 분석하며 체력이 부족하다고 진단했다. 그가 베트남 대표팀을 맡아 선수들에 대한 데이터를 요청했지만 구체적인 자료도 부족했다. 그는 베트남 대표팀이 후반 35분부터 급격히 체력히 떨어져 많은 실점을 했다고 분석했다.

그래서 박 감독은 영양과 근력 운동 두 가지를 중점적으로 보완했다. 베트남 대표팀의 평균 신장은 170cm 초반으로 대한민국 대표팀과 비교하면 약 10cm나 더 작다. 이렇게 작은 신장으로 키 큰 상대 팀과의 경기에서 이기려면 강력한 체력이 필요했다. 박 감독은 쌀국수를 좋아하는 베트남 특유의 문화를 존중하면서도, 닭고기나 돼지고기 등의 육류와 우유도 함께 섭취하는 단백질 위주로 식단을 바꿨다. 90분이나 뛰는 축구에서 지구력은 중요하다. 지구력은 근력에서 나온다. 근육은 단백질로 되어 있다. 박 감독은 단백질 식단에 비타민까지 챙길 정도로 선수들의 체력 강화를 위해 노력했다.

다음으로 베트남 선수들의 체력을 향상을 위해 근력 운동을 시켰다. 선수들의 상체 근력을 강화시키기 위해 바벨에 끼우는 원반형의 쇳덩이를 손에 들고 허리를 좌우로 움직이며 내려갔다가 올라오는 동작을 반복하게 했다. 전문가는 우리 몸에 쌓인 피로의 50% 정도를 허벅지 근육에서 풀어 준다고 한다. 한편 박 감독은 선수들의 체력향상을 위해 한국에서 전문가를 데려왔다. 지난해 여름 자카르타-팔렘방 아시안게임을 앞두고, 2002년 월드컵 때 대한민국 대표팀의 의무팀장을 맡았던 최주영 재활 트레이너를 베트남 대표팀에 합류시킨 것이다. 그만큼 박 감독은 선수들의 체력이 중요하다는 걸 알고 강화하기 위해 다방면으로 노력했다.

또 연습 시간을 전 · 후반을 합친 90분보다 30분이나 더 많은 120분 동안이나 했다. 그 결과 경기 시작 후 70분이 지나면 급격히 떨어지던 경기력이 많이 나아졌다. 아니 90분 내내 파워 넘치는 경기력을 보여줬다. 2018 U-23 챔피언십 대회 8강과 준결승은 연장전을 거쳐 승부차기까지 가는 혈투였다. 체력을 제대로 보완하지 못했다면 베트남이 좋은 성적을 올리기 어려웠을 것이다. 결승에서 만난 우즈베키스탄과는 설전雪戰을 치렀다. 베트남 선수들은 연장 후반이 끝날 때까지 지치지 않고 밀어붙이는 놀라운 체력을 보여줬다.

박항서 감독과 히딩크 감독은 놀라울 만큼 맡은 팀의 부족한 부분을 정확하게 진단했다. 그리고 그 부분에 대한 대책을 세워서 빠른 시간 안에 실행했다. 그 결과 팀의 성적은 단기간에 좋아졌다. 감독 한 명 바뀌었을 뿐인데 팀이 확 바뀐 것이다. 두 감독을 보면서 리더의 중요성을 실감한다. 오랜 경험을 통한 통찰력, 맡은 팀에 대한 뜨거운 열정, 문제를 정확하게 보고 진단하는 예리한 눈. 이런 것들을 모두 갖췄기 때문에 그들은 팀을 변화시킬 수 있었다. 선수들도 감독의 뜨거운 마음을 통해 변했다. 팀을 구성하는 사람은 같았지만 새로운 에너지를 내는 전혀 다른 팀으로 바뀌었다.

> 문제는 들춰내어 해결하는 것이지 수면 밑으로 감추는 것이 아니다.
>
> -이 홍, 《세종에게 창조습관을 묻다》에서

문제가 무엇인지 제대로 찾는 것이 팀을 변화시키는 데 가장 중요하다. 무엇이 문제인지 파악해야 해결할 수 있다. 가장 심각한 건 문제가 있는데도 문제라고 인식하지 못하는 것이다. 그보다는 덜하지만 무엇이 문제인지 정확하게 찾지 못하는 것도 안타까운 일이다. 제일 좋은 것은 문제를 정확하게 찾는 것이다.

박항서 감독은 베트남 대표팀의 문제를 '체력'이라고 정확하게 진단했다. 베트남 대표팀을 맡았던 이전의 감독들도 그것을 알아차렸을 수 있다. 하지만 절실함이 달랐을 것이다. 그것이 베트남 대표팀의 진정한 변화를 가져왔던 감독과 그렇지 못한 감독의 차이다.

변화는 쉽지 않다. 한 사람이 변하는 데도 본인이 문제를 절실하게 인식하고 바꾸기 위해 노력해야 한다. 보통 습관은 21일, 즉 3주 정도 지속해야 생긴다고 한다. 어떤 행동이 완전히 습관으로 자리 잡으려면 6개월 동안 지속해야 한다고 한다. 그만큼 개인의 습관 하나도 바꾸는 것은 쉽지 않다. 하물며 팀의 변화는 더욱 쉽지 않다. 팀에서도 이전에 계속 반복하던 습관이 있다. 새로운 변화를 위해 기존과 다른 습관을 정착시키려면 저항이 따른다. 이전 습관을 반복하려는 관성이 있기 때문이다. 조직이 변화에 성공하기는 결코 쉽지 않다.

박 감독과 베트남 대표팀은 변화에 성공했다. '체력'이 문제라는 감독과 코칭스태프의 문제 인식에 선수들이 공감했다. 선수들은 감독의 말을 잘 따랐다. 박 감독은 특유의 스킨십을 발휘했다. 선수들을 존중하며 때로는 엄격하게 때로는 자상하게 다독였다. 이런 노력 뒤에는 어려움도 있었다. 박 감독은 단백질 위주의 식단을 강조했는데, 어떤 언론에서는 박 감독이 쌀국수는 먹지 말고 우유만 먹으라고 보도한 적도 있다. 박 감독은 기존에 먹던 쌀국수는 그대로 먹고, 거기에 고기나 우유도 추가해서 먹게 했다.

어린 선수들은 노장 감독과 한국 코칭스태프의 지도를 성실하게 따랐다. 이것도 베트남 대표팀이 성공적으로 변화한 주요인 중 하나다. 드라마나 영화에서 배우들 사이의 호흡을 '케미'라고 말한다. 베트남 대표팀은 감독과 선수 간의 케미가 잘 맞았다. 그 바탕에는 신뢰가 있었다. 한국을 떠나면서 자신의 축구 인생에서 배웠던 모든 것을 베트남 축구 발전을 위해 쓰겠다던 박항서 감독의 진심이 베트남 선수들의 마음을 변화시켰고 가슴을 뜨겁게 만들었다.

박 감독은 아세안축구연맹AFF 스즈키컵이 끝난 지 며칠 되지 않아 바로 대표팀을 소집했다. 코앞으로 다가 온 2019 아시안컵 준비 때문이었다. 우승의 기쁨을 누릴 새도 없었다. 그는 선수들의 체력을 걱정했다. 홈 앤 어웨이 방식으로 조별 리그와 준결승, 결승을 거치면서 코치진도 힘들었다고 했다. 선수들은 훨씬 더 체력 손실이 심했을 것이다. '체력'이 문제였다. 박 감독은 말레이시아와의 원정 경기였던 스즈키컵 결승 1차전에서 주전 선수를 대신해 다른 선수들을 기용하며 체력 안배에 신경을 썼다. 결승 2차전에서 주력 공격수를 기용하며 우승했다. 베트남은 체력적인 부담을 가지고 출전한 아시안컵에서도 선전하여 8강까지 진출하는 쾌거를 이루었다.

약팀을 강팀으로

2017년 9월 박 감독이 부임했던 베트남 축구 국가대표팀 감독의 경쟁률은 300:1이었다. 베트남축구협회는 왜 박 감독을 선택했을까? 이유는 간단하다. 박 감독이 약팀을 강팀으로 만드는 능력이 가장 탁월했기 때문이다. 앞서 이야기한 것처럼, 박 감독은 대한민국의 2002년 월드컵 대표팀 수석코치에 이어 아시안게임 대표팀 감독을 맡았다. 성적이 좋지 않아 석 달 만에 안타깝게 경질된 후, 2003년 자신보다 나이가 어린 최순호 감독 밑에서 포항 스틸러스의 수석코치를 맡았다. 포항은 그해 리그 우승을 차지한다. 당시 코치로 일하던 박항서 감독도 우승의 숨은 주역으로 언론의 주목을 받는다. 이후 2005년부터 프로팀 경남FC, 전남 드래곤즈, 상주 상무의 감독을 맡는다. 박 감독은 이 팀들을 맡아서 눈에 띄는 성과를 낸다.

박 감독은 2005년 여름에 K리그 경남FC의 초대 감독으로 부임해 2006, 2007시즌 지휘봉을 잡았다. 경남은 첫해인 2006 시즌에 핵심 공격수 김진용의 부상 이탈로 후반기에 큰 타격을 입어 K리그 12위를 기록했다. 기존의 쟁쟁한 팀들이 있는 상황에서 신생팀으로 악전

고투했던 첫해 결과였다. 2007시즌에는 박항서 감독의 전술과 한국 선수들과 외국인 선수들의 조화를 통해 K리그 4위로 도약했다. 하지만 플레이오프에서 포항 스틸러스에게 승부차기로 아쉽게 졌다. 프로 리그에서 두 해째를 맞아 감독과 선수들이 팀의 성공을 위해 노력한 좋은 결과였다.

경남FC는 2006년부터 2014년까지는 K리그 1부 리그 소속이었다. 한편 성적이 좋지 않아서 2015년부터 2017년까지는 K리그 2부로 강등되어 있었다. 절치부심의 노력 끝에 2017년에 2부 리그 1위를 하며 2018년에는 다시 1부 리그로 올라왔다. 박 감독이 감독으로 있었던 2007시즌의 1부 리그 4위 성적은 지금까지도 가장 좋은 성적 중 하나였다. 박 감독은 창단 초기에 팀 전력을 강화시키는 데 크게 기여했다. 하지만 구단과의 갈등으로 2007년 말 경남FC 감독에서 사임했다.

경남을 떠난 박 감독은 이듬해인 2008년부터 2010년까지 전남 드래곤즈의 감독을 맡았다. 전남을 맡고 있던 허정무 감독이 국가대표팀 감독으로 발탁되면서 감독직이 공석이 되었다. 박 감독은 그 후임으로 전남 감독으로 왔다. 경남FC와는 달리 전남 드래곤즈는 1995년부터 K리그에서 활약한 팀이다. 박 감독은 전남 팀 취임 일성으로 '조직력을 가장 중요하게 여기며 롱패스보다는 짧은 패스를 이용해 기동력을 살리고 선수들에게는 스피드를 요구하겠다'고 했다. 덧붙여 '아기자기한 축구로 득점을 많이 하고, 포스코의 이미지를 살려 활활 타오르는 용광로 같은 축구를 하겠다'는 의지를 밝혔다.

박 감독은 팀을 맡은 첫해 2008년 삼성하우젠컵에서 준우승을 차지했고, 직전 해 FA컵 우승팀 자격으로 출전한 AFC 챔피언스리그에서는 성적이 좋지 않았다. 2009시즌에는 박 감독의 요청으로 이천수 선수를 영입했다. 팀은 이 선수의 활약으로 리그에서 좋은 모습을 선보였다. 박 감독은 2009시즌 K리그에서 11승 9무 8패로 팀을 6강 플레이오프에 진출시켰다. 정규 리그를 3위로 마친 FC서울에 승부차기 끝에 승리를 거두며 이변을 일으켰지만, 성남 일화에 패하여 최종 순위 4위로 시즌을 마감하였다.

2010시즌을 앞두고 경남FC의 인디오 선수가 이적해 왔고, 전남의 유소년 출신 지동원 선수가 프로 계약을 체결하면서 화려한 공격진을 갖추었다. 그러나 전 시즌과는 다르게 실망스러운 모습을 보이며 시즌을 10위로 마감했다. 리그를 한 경기 남겨둔 11월 5일 박 감독은 성적 부진의 책임을 지고 전남 드래곤즈 감독직에서 물러났다.

박 감독은 전남에서 세 시즌 동안 지휘봉을 잡았는데, 2009시즌에 팀을 K리그 4위까지 끌어올렸다. 이는 역대 전남 성적 가운데 가장 좋은 성적 중 하나였다. 또 지동원 등 전남 유소년클럽 시스템에서 성장한 선수들을 과감하게 기용했다. 한편 지역민과 함께하고 성장하기 위해 노력한 공로를 구단으로부터 인정받았다.

이후 박 감독은 2012년 1월부터 2015년까지 4년 동안 군인 팀인 상주 상무 감독을 맡았다. 그 시간은 한마디로 롤러코스터를 탄 것 같았다. 이로써 세번째 프로구단 사령탑이 됐다. 그는 상무를 2013년 2부리그 원년 우승 등 팀을 두 번이나 1부 리그로 승격시켰다. 박 감독은 그 공로로 2013년에 감독상을 수상했다.

상무팀은 K리그가 1, 2부 리그를 구분하고 승강제를 시행하기로 결정하면서 2012년에는 2부 리그로 강등됐다. 이후 2013년 초 법인화가 완료되면서 공식 명칭에서 피닉스를 제외하고 상주 상무 프로축구단으로 이름을 바꿨다. 2013시즌에는 9월부터 11월까지 무려 11연승을 달리는 등 압도적인 경기력을 보이며 K리그 챌린지에서 우승을 차지했다. 상무는 K리그 클래식 12위 강원 FC와의 K리그 승강 플레이오프 1차전 홈 경기에서 4-1로 대승을 거뒀다. 2차전 원정 경기에서 0-1로 패했으나 통합 스코어에서 4-2로 앞서 한 시즌 만에 다시 K리그 클래식으로 올라왔다. 이로써 상무는 K리그 역사상 최초의 승격 팀이 되었다. 2014시즌에는 K리그 클래식에서 12위를 기록하며 K리그 챌린지로 강등되었으나, 2015 K리그 챌린지에서 우승을 차지하며 한 시즌 만에 다시 K리그 클래식으로 승격했다. 승격 이후 박항서 감독은 계약 만료로 지휘봉을 내려놓았다.

박 감독은 상무가 프로팀이긴 하지만 군 복무 기간 동안만 팀에 소속되어 경기에 나오는 선수가 바뀌는 환경에서 팀을 꾸리기가 결코 쉽지 않았다. 그는 매년 입대와 제대로 선수단 인원의 절반 정도가 바뀌는 상황에서도, 원소속팀과 경기에 나설 수 없는 제약 사항이 있어도 팀이 최상의 전력을 낼 수 있도록 고심해왔다. 박 감독이 상무에 있는 동안 이근호 선수는 2014 브라질월드컵 본선에 나갔고, 이정협 선수는 생애 첫 국가대표로 발탁되어 2018 브라질월드컵에 참가를 기대할 수 있었다. 이렇게 박 감독은 낯선 환경이었던 군 팀을 재기의 발판이자 실력 향상의 기회로 바꾸며 선수들의 성장에 힘을 보탰다.

박 감독은 상무에서 4년 동안 감독 생활을 하면서 절치부심하며 좋은 팀을 만들기 위해 노력했다. 그 결과 광주광역시에서 경북 상주로 연고를 옮긴 팀을 정비하여, 2013년과 2015년에는 1부 리그까지 끌어올렸다. 당시 실력 있는 선수들이 입대한 면도 있지만 박 감독의 지도력 또한 그에 못지않게 팀 성과에 큰 힘이 되었다.

2005년부터 2015년까지 만 10년 동안 박항서 감독은 대한민국 K리그의 프로팀 사령탑을 맡았다. 신생팀이었던 경남FC와 기존팀 전남 드래곤즈 그리고 프로팀이라고 하기엔 애매한 군인들로 이루어진 상주 상무, 이렇게 세 팀을 맡았다. 10년간 세 개의 팀을 맡으면서 우여곡절도 많았다. 하지만 그 과정은 박 감독이 단단해지는 과정이었다. 힘든 일도 있었지만 약팀을 리그 4위 또는 리그 우승으로 이끌며 리더십을 발휘했다.

경남FC에서 전남 드래곤즈를 맡았을 때는 실력이 나은 팀을 맡게 돼 감독으로서 더 수월한 측면이 있었을 것이다. 반면 전남 드래곤즈를 떠나 상주 상무를 맡았을 때는 상주가 군인 팀임을 감안하면 이끌기 어려운 팀을 맡게 된 것이다. 상주 팀은 군대에 징집된 선수들로 이루어져 복무 기간을 마치면 원래 팀으로 돌아가는 특수성이 있어서, 선수의 연속성에서 일반 프로팀과 달랐다. 이런 팀을 4년이나 맡아서 리그 우승과 1부 리그 승격이라는 주목할 만한 성과를 올린 것은, 박 감독이 감독으로서의 능력을 보여 준 것이다.

상주 상무 감독을 그만둘 당시 박 감독의 나이는 50대 후반을 향해 가고 있었다. 10년간 치열하고 고단했던 감독으로서의 생활을 잠시 쉬고 싶은 마음도 들었을 것이다. 프로 감독을 10년 하고 나서 그는 어떤 미래를 그렸을까? 과연 오늘날처럼 베트남이라는 이국땅에서 영웅 대접을 받을 줄 알았을까?

> 약이 몸에 쓰듯이 역경은 잠시 몸에 괴롭고 마음에 쓰지만 그것을 참고 잘 다스리면 많은 이로움을 얻을 수 있다.
>
> 《채근담》

박 감독은 산전수전을 다 겪었다. 대한민국에서 축구 지도자로서 겪었던 모든 일들이 그에게는 피와 살이 되었다. 요즘처럼 베트남에서 박 감독이 탁월한 업적을 올린 이유도 거기서 찾을 수 있다. 그는 충분한 경험과 노하우 그리고 담담한 마음을 갖고 있다.

사람의 미래는 알 수 없다. 자신의 경험이 미래에 어떻게 사용될지 모른다. 약팀을 강팀으로 만드는 능력이 탁월했던 박 감독. 그의 능력은 2018년 베트남에서 빛을 발한다. 그의 이런 성과는 하루아침에 이루어진 것이 결코 아니다. 한국에서의 만 10년간 프로팀을 맡아서 쌓아온 그의 경험과 노하우가 있었기 때문에 가능했다.

하나의 팀으로 기동력 있게 재미있는 축구를 하겠다는 것은 베트남에 진출해서 갑자기 결심한 것이 아니다. 감독으로서 오랜 기간 추구해 온 자신의 축구 철학이었다. 그 철학이 베트남 대표팀이라는 바다를 만나 제대로 펼쳐졌다. 박항서 감독과 베트남 축구 대표팀 선수들 사이에는 드라마나 영화에서 배우들 간의 호흡을 말하는 '케미'가 잘 맞아떨어졌다. 찰떡궁합이었다.

박 감독과 베트남 선수 간의 신뢰는 어느 팀보다 강하다. 이것은 2018년 큰 대회를 거치고 시간이 지나며 더 끈끈해짐을 볼 수 있다. 박 감독은 앞으로 남은 대회와 지금 이 순간에 집중할 줄 아는 사람이다. 앞으로의 베트남 팀과 박 감독의 행보가 주목되는 이유다.

“지난 2년 동안 베트남 축구 역사를 새롭게 감독님께서 만드셨어요. 그만큼 열정적인 모습만큼 오히려 걱정인 것은 건강을 잃으실까 봐 하는 점입니다. 앞으로도 건강하시고 베트남 축구 역사가 쭉 이어질 수 있도록 저희들도 국내에서 응원 많이 보내드리도록 하겠습니다.”

-김병지, 한국축구국가대표 이사장. 2002년 월드컵 대한민국 축구 국가대표팀 선수

C. PHUONG
9

Chapter 3

박항서 리더십

스포트라이트 뒤에 감춰진 노력
2002년을 기억하는가
자존심을 뛰어넘는 열정
축구 인생을 살다
절대 고개 숙이지 마라
아버지 리더십
One Team

박항서 리더십

2002년 한일월드컵에서 박항서 감독은 대한민국 축구 국가대표팀의 수석코치로 세계 4강 진출에 공헌했다. 네덜란드 출신의 외국인 히딩크 감독과 한국 선수들 사이에서 훌륭한 가교 역할을 했다. 당시 그의 리더십은 '형님 리더십'이라고 불렸다. 선수들을 동생처럼 잘 이끌었기 때문이다.

이후 한국에서 프로팀과 실업팀에서 코치와 감독으로 지도자 생활을 했다. 그는 하나가 된 팀으로 기동력 있고 재미있는 실용 축구를 지향한다. 박 감독은 맡았던 팀을 잘 이끌어서 좋은 성적을 냈다. 그는 진심으로 선수들에게 다가가 소탈하고 인간적으로 사람을 대한다. 또 작은 부분이라도 자상하게 챙긴다. 이런 점들이 약팀을 강팀으로 만드는데 크게 기여했고, 베트남 대표팀을 맡게 된 중요한 이유가 되었다.

베트남 대표팀을 맡은 박 감독의 리더십은 '파파 리더십'으로 불린다. 아들보다 더 어린 선수들과 친근하게 어울리며 잘 챙겨 주기 때문이다. 그는 한국에서 영광과 좌절을 모두 경험했기 때문에 오직 베트남 축구 선진화에 기여하겠다는 초심을 잃지 않고 매 경기마다 최선을 다한다. 경기 전 자존감과 투지를 가지라는 베트남 정신을 강조하고, 경기가 시작되면 라커룸에서 나와 목소리 높여 선수들에게 작전을 전달한다. 골이 들어가면 화끈한 어퍼컷 세레모니로 베트남의 십년 묵은 체증을 날려버린다.

그의 인생 2막은 뒤늦게나마 베트남에서 꽃폈다. 그의 오랜 축구 경험과 베트남 선수들과의 신뢰가 만난 시너지 효과다. 하나의 이유로 설명하기 힘든 것이 '박항서 매직', '박항서 리더십'이다. 짧은 기간 베트남 대표팀을 놀랄만큼 바꾼 비결이 무엇인지 찾아본다.

스포트라이트 뒤에 감춰진 노력

2018년 베트남 대표팀이 보여 준 성과는 눈부시다. 감독 한 명 바뀌었을 뿐인데 그 변화는 놀라울 정도다. 라이벌 태국을 10년 만에 물리치면서 박항서 감독은 '박항서 매직'의 서막을 알린다. 무엇이 이렇게 베트남 대표팀을 변화시켰을까? 박 감독은 어떻게 단시간 내에 베트남 대표팀을 완전히 다른 팀으로 바꿨을까? 그동안 선수들에게는 무슨 일이 있었을까?

2002년 대한민국 축구 국가대표팀은 세계적인 명장 히딩크 감독을 만나 완전히 다른 팀으로 바뀐다. 이 대회에서 대한민국 대표팀은 이전에 출전한 월드컵과는 완전히 다른 경기를 펼친다. 감독 한 명 바뀌었을 뿐인데 이전과 다른 팀으로 변했다. 월드컵에서 목표로 삼았던 16강을 훨씬 뛰어넘어 4강에 진출하며 온 국민을 붉은 악마로 만들었다. 16년 뒤 대한민국의 박항서 감독은 베트남 축구 대표팀을 완전히 바꿔 놓았다. 베트남 대표팀은 박 감독이 오기 전과 온 이후로 나뉠 정도로 달라졌다. 감독만 바뀌었을 뿐인데 완전히 다른 팀이 된 것이다. 마치 2002년의 한국 대표팀처럼.

리더가 중요하다. 한 명의 리더는 팀의 변화에 결정적이다. 감독은 선수들과는 생각이 다르고 보는 눈이 다르다. 탁월한 성과 뒤에는 그만한 노력이 있다. 보이지 않는 대가를 지급했기 때문에 그만한 결과를 낼 수 있었다. 박 감독과 베트남 대표팀의 놀랄 만한 변화는 어떻게 가능했는지 살펴보자.

베트남은 지리적으로 인도차이나반도 동쪽에 1,600km에 걸쳐 남북으로 길게 뻗어 있다. 가로는 좁고 세로는 긴 모양이다. 북쪽으로는 중국과 국경을 맞대고 있고 동쪽과 남쪽은 바다이며, 서쪽으로는 라오스, 캄보디아와 국경을 접하고 있다.

박 감독은 이렇게 긴 베트남 국토를 선수 선발을 위해 부지런히 뛰어다녔다. 베트남은 교통이 좋지 않아서 목표로 한 경기를 보러 가려면 숙소가 있는 하노이에서 비행기를 타고 다시 버스를 몇 번이나 갈아타야 했다. 다행인 것은 코칭스태프가 분담해서 선수들을 살펴볼 수 있었다는 점이다. 이영진 수석코치와 배명호 피지컬 트레이너도 선수 선발에 일조했다. 그들은 잠재력 있는 선수를 발굴하기 위해 베트남 전역을 찾아가는 고생스런 일정도 마다하지 않았다. 또 선수들이 뛰었던 비디오를 보며 분석했다. 점찍어 둔 선수가 어떤 플레이를 펼치는지, 주목할 만한 선수가 있는지 등을 찾으려고 눈이 아프고 잠이 오는것도 잠시 잊었다. 이런 고생 끝에 박 감독과 코치진은 서른 명의 실력 있는 베트남 대표팀 선수를 선발할 수 있었다.

대한민국 대표팀을 맡은 히딩크 감독처럼 베트남 대표팀을 맡은 박항서 감독도 외국인 감독의 장점을 유감없이 발휘했다. 선수 선발에

학연이나 지연 등 다른 어떤 기준에도 얽매이지 않았다. 기준은 오로지 '실력'이었다. 베트남은 역사적으로 남북으로 분단되었다가 북베트남에 의해 지난 1970년대 중반에 통일되었다. 그래서 하노이로 대표되는 북쪽 지역과 호치민으로 대표되는 남쪽 사이에 아직도 지역감정이 남아 있다고 한다. 축구에서도 지역감정이 남아 있었다. 하지만 박 감독은 대표팀 선수를 지역과 관계없이 뽑았다. 이렇게 공정하게 선발되어 남북이 하나 된 대표팀은 박 감독과 함께 베트남 축구의 역사를 쓰고 있다.

박 감독은 대표팀 경기 전에 늘 '베트남 정신'을 강조한다. 베트남 대표팀은 2018년 1월 아시아축구연맹AFC U-23 챔피언십에서 준우승에 올랐다. 박 감독은 대회를 마치고 참가한 행사에서 베트남 정부의 관계자에게, 어떻게 부임 3개월 만에 대표팀을 바꿔 놓았는지 궁금하다는 말과 함께 이제야 베트남 정신이 살아났다는 이야기를 들었다. 박 감독은 베트남 정신이 무엇인지 궁금해 선수들에게 물었다. 선수들은 베트남 정신이 네 가지로 구성된다고 어른들에게 들었다고 했다. 그것은 '매사 자존감을 잃지 않고, 단결하며, 가진 역량을 발휘하고, 불굴의 투지로 임하라'이다.

축구는 육체적인 싸움이지만 정신력 싸움이기도 하다. 축구에서는 경기 시작 후 5분까지와 경기 종료 전 5분을 조심하라고 한다. 그만큼 경기가 시작된 지 얼마 안 돼 몸이 덜 풀린 때와 경기가 끝나 간다고 방심하는 마지막 순간에 집중력이 떨어진다. 실제로 이 시간에 많은 골이 난다. 이때 나는 골은 실력보다 방심으로 인한 기습에 의한 것이 많다. 또 아무리 체력이 강한 팀이라도 경기 시작 후 70분인 후반 25분 정도가 지나면 많이 지친다. 이 시간 후로는 정신력 싸움이다. 정신력이 강한 팀이 승리한다.

베트남 국민들은 민족적인 자긍심이 강하다. 통일 과정에서 당대 최강국이었던 프랑스와 미국과의 전쟁에서 승리한 영향도 있다. 베트남 선수들 역시 자존감이 강하다. 어떤 강한 상대든 물리칠 수 있다는 마음을 기본적으로 갖고 있다. 박 감독은 아세안축구연맹AFF 스즈키컵 경기 전 선수들에게 '경기장에서 모든 에너지를 쏟고 적과 두려움 없이 부딪히라'고 주문했다. 이에 선수들은 감독의 주문을 그라운드에서 100% 펼쳐보였다. 10년 만에 우승한 스즈키컵은 베트남 정신의 승리다.

그동안 베트남 남자 축구는 여자 축구에 비해 상대적으로 내세울 만한 성과가 부족했다. 하지만 박항서 감독의 '우리는 베트남 사람이고 베트남 정신을 보여 주라'는 주문에, 남자 대표팀 선수들은 마법에 걸리기라도 한 듯 놀라운 경기력과 결과를 보여 줬다. 베트남 국민들은 대표팀의 놀라운 성적에 뜨거운 찬사와 박수를 보냈다. 비록 경기에서 패하더라도 놀라운 투지로 멋진 경기를 펼친 대표팀을 끝까지 응원했다. 이것은 박 감독이 선수들 마음속에 잠들어 있던 베트남 정신을 깨웠기 때문에 가능했다.

정신력에 더해 선수들의 체력 강화를 위해 단백질 위주로 식단을 바꿨다. 베트남 선수들은 기존에 아침에 쌀국수를 대충 먹고 운동하는 경우도 있었다. 하지만 박 감독 부임 이후 달걀, 우유, 육류 등을 식단에 포함시켰다. 기존에 먹던 쌀국수를 비롯한 현지 음식은 그대로 먹는 상태에서 새로운 식단을 추가한 것이다. 선수들은 다양한 식단에 만족해했고 체력도 좋아졌다. 경기 70분 이후 체력이 급격하게 떨어져 경기력이 저하되면서 실점하던 패턴도 극복할 수 있었다.

박 감독은 경기를 준비하기 위해 밤을 새는 '워크 홀릭'이다. 상대팀의 경기력을 분석하기 위해 비디오를 돌려보고 분석한다. 상대 팀의 강점과 약점은 어디에 있는지 최근 스타팅 멤버와 요주의 인물은 누구인지 파악한다. 상대 팀이 주로 쓰는 전술과 포메이션 변화도 살핀다. 이후 상대 팀을 이기기 위한 베트남 대표팀의 필승 전략을 세운다.

그뿐만 아니라 박 감독은 2002년 한일월드컵 당시 히딩크 감독으로부터 배운 코칭스태프 간 역할 분담을 활용해 효율적으로 팀 승리를 이끌었다. 그는 코칭스태프별로 대표팀 업무를 나눠서 맡겼다. 이후 업무 진행을 확인하고 적절하게 조절했다. 본인은 진행하면서 생기는 내부 갈등을 관리하고 수습하는 데 전념했다.

> 모든 위대한 일은 한 걸음 한 걸음 서두르지 않는 착실한 노력에서 비롯된다. 꾸준한 노력이 함께하지 않는 꿈은 몽상에 불과하다. 꿈에는 지름길이 없다.
>
> - 이나모리 가즈오, 교세라그룹 회장

노력 없는 성공은 없다. 꿈만 꾼다고 이루어지지는 않는다. 베트남 대표팀이 보여 준 2018년의 기적 뒤에는 그만한 노력이 있었다. 우리는 항상 눈에 보이는 것만 본다. 영광 뒤에 가려진 피와 땀은 보기 힘들다. 그것은 흘린 사람만이 안다. 스포트라이트를 받는 사람은 그만한 대가를 지급했다. 다만 우리가 그것을 보지 못했을 뿐이다. 땀을 더 많이 흘린 사람이 더 높은 곳에 선다. 즐겁게 땀을 흘린 팀은 좋은 결과를 만든다.

2018년 베트남 대표팀이 보여 준 기적에서 눈여겨봐야 할 것이 있다. 기적에도 이유가 있다는 것이다. 대한민국에서 대표팀과 프로팀 그리고 실업팀에서 산전수전을 모두 겪은 박항서 감독과 그를 신뢰하고 잘 따라준 베트남 대표팀 선수들의 호흡이 잘 맞았다. 물론 이 선수들은 베트남이 국가 차원에서 유소년 때부터 전략적으로 투자해서 키운 인재들이다. 하지만 박항서라는 약팀을 강팀으로 만드는 데 탁월한 능력을 가진 감독을 만나지 못했더라면, 오늘날과 같은 베트남 대표팀의 기적은 이루어지기 어려웠을 것이다.

우수한 선수들과 그들을 하나의 강력한 팀으로 만든 리더십. 이 두 가지가 결합돼 놀라운 결과를 만들었다. 박 감독은 집념을 발휘해 베트남의 승리에 집중했다. 선수들도 혼을 불살라 그라운드에 몸을 던졌다. 베트남 대표팀의 승리는 베트남 국민의 승리였다. 그것은 곧 대한민국에서 좌절과 내리막을 걷고 있던 박항서의 승리였다. 2018년 그들이 보여 준 투혼은 베트남 역사에 영원히 남을 것이다.

2002년을 기억하는가

2002년은 대한민국 축구사에 길이 남을 한 해였다. 세계인의 축구 축제인 월드컵을 개최하고 월드컵 본선에서 최초로 1승을 거두며 16강을 넘어 4강까지 진출했기 때문이다. 2002 월드컵에서 대한민국 국민은 기적을 경험했다. 자국에서 열리기 때문에 1승 후 16강이라도 진출하면 좋겠다는 소망을 갖고 있었는데, 시간이 지날수록 세계 강호들을 연달아 격파하며 승승장구했기 때문이다. 예선 1차전부터 마지막 경기였던 터키와의 3·4위전까지 모든 국민은 붉은 옷을 입고 경기장과 거리에서 붉은 악마가 되어 대표팀을 응원했다.

2002 월드컵 때 대한민국 대표팀은 히딩크 감독이 지휘봉을 잡고 있었다. 그는 23명의 대표팀 선수들과 호흡을 맞추며 새로운 역사를 썼다. 히딩크 감독은 경험이 풍부하고 탁월한 전술을 구사하는 명장이었다. 그는 2001년 초에 대한민국 대표팀을 맡아 체력과 스피드가 부족하다고 진단한 후 집중적인 훈련을 시켰다. 또 한국 축구의 선진화라는 명확한 비전을 제시하고 언론의 비판과 칭찬에 흔들리지 않으며 꾸준하게 실력을 키웠다. 평가전에서 연달아 5-0이라는 점수

차로 패하더라도 아랑곳하지 않았다. 결국 히딩크 사단은 월드컵에서 일을 냈다.

그런데 월드컵에서 대한민국 대표팀의 탁월한 성적을 올리는데 숨은 주역들이 있었다. 그들은 감독과 선수들의 튼튼한 다리가 되어 준 코칭스태프였다. 대표적인 인물이 당시 수석코치를 맡았던 박항서 코치다. 그는 40대 중반에 월드컵 대표팀 코치로 발탁된다. 네덜란드 출신의 세계적인 명장 히딩크 감독과 대한민국 대표팀의 어린 선수들을 잘 이어주며 한 팀이 되게 만드는 데 크게 기여했다. 박항서 코치는 선수들에게 형님 리더십을 발휘한다. 나이 어린 선수들을 형님처럼 친근하게 챙기면서 이끌었기 때문에 붙여진 별명이었다.

2002년 한일월드컵 대한민국의 예선 첫 상대는 폴란드였다. 히딩크호가 했던 그동안의 훈련이 얼마나 빛을 발할지 주목되는 경기였다. 6월 4일 폴란드를 상대로 황선홍 선수는 이을용 선수의 왼쪽 패스를 받아 논스톱 슛으로 골을 만든다. 대한민국의 첫 골이었고 선취골이었다. 황선홍 선수는 오른손 검지를 좌우로 흔들며 그라운드를 달렸다. 그리고는 한국의 라커룸으로 달려와 히딩크 감독이 아닌 박항서 코치를 안는 세레모니를 했다. 훗날 히딩크 감독은 조금 서운하다고 했는데, 황선홍 선수는 첫 골을 넣으면 박 코치를 안아 주겠다며 농담 삼아 말해서 그랬다고 한다. 이 세레모니로 박 코치가 얼마나 선수들과 친근하게 지냈는지 알 수 있다.

박항서 코치는 명장 히딩크 감독과 함께 월드컵을 겪으면서 선진 축구를 배운다. 히딩크 감독의 탁월한 전술과 리더십의 영향도 받는다. 축구 선진화라는 명확한 비전을 세우고 월드컵 때 변화된 실력을 보여 준다는 목표 의식 또한 눈으로 보고 배웠다. 박 코치의 눈에 히딩크 감독이 인상적으로 남아 있는 장면이 있었다. 히딩크 감독은 '경기 중 위기 대처 능력이 굉장히 뛰어났다'고 한다. 경기 중 어떤 문제가 생기면 어떤 식으로든 반전을 시킨다며, 막을 생각보다 그냥 역류시킬 생각부터 한다고 했다.

히딩크 감독은 스페인과의 8강전이 승부차기까지 갈 것이라고 예상했다. 그는 네덜란드 국가대표 감독, 스페인 프리메라 리그 명문 레알 마드리드 감독, 네덜란드 프로 리그 최강팀 PSV 아인트호벤 감독 등을 거치며 큰 대회를 많이 경험했기 때문에 그런 예상이 가능했다. 이런 예측 능력 역시 박 감독에게는 히딩크 감독이 지금까지 경험했던 감독과는 차원이 다른 지도자라고 여겼을 것이다. 베트남은 2018년 1월 아시아축구연맹AFC U-23 챔피언십에서 8강에서 이라크와 4강에서는 카타르와 연장전을 거쳐 승부차기까지 간다. 이때 박항서 감독은 2002년 월드컵 8강 전인 스페인전이 생각났을 것이다. 16년의 시차로 대한민국과 베트남이 비슷한 상황을 겪었고 두 팀 모두 승부차기에서 승리했다.

이렇게 대한민국 대표팀이 예상을 훨씬 뛰어넘는 성적을 올리자, 개최국으로 열띤 응원을 펼치던 한국 국민들의 응원 열기는 더욱 뜨거워졌다. 서울시청 광장과 광화문 광장을 비롯하여 부산, 대전, 대구, 인천, 광주 등 사람이 많이 모일 수 있고 경기를 볼 수 있는 전광판이 있는 운동장이나 광장에는 시민들이 모여 대한민국 대표팀을 응원했다.

응원 열기는 대표팀의 16강 진출 이후 더 뜨거워졌다. 이미 목표는 달성했고 어디까지 올라가는지 한껏 기대되었기 때문이다. 응원단인 '붉은 악마'를 선봉으로 경기가 벌어지는 구장마다 홈 팬들은 붉은 티셔츠를 입고 제2의 붉은 악마가 되어 대표팀을 뜨겁게 응원했다. 관중석에서는 "대~한민국"과 "오~ 필승 코리아"가 끊이지 않고 흘러나왔다.

대한민국 국민의 붉은 함성은 세계적으로 유례를 찾기 힘든 것이어서 외신들은 한국의 응원 문화를 비중 있게 보도했다. 대한민국 대표팀이 2002 월드컵에서 4강 신화를 이룬 것은 선수들의 실력도 있었지만 국민들의 뜨거운 응원도 한몫했다.

대한민국 대표팀은 월드컵이 끝난 후 넉 달 뒤인 10월에 자국 부산에서 열린 아시안게임에 출전한다. 목표는 당연히 우승하여 금메달을 따는 것이었다. 6월에 끝난 월드컵에서 4강 신화를 썼기 때문에 아시아권에서는 당연히 우승할 수 있을 것이라고 생각했다. 국민들의 눈높이도 한껏 올라가 있었고 대한축구협회에도 우승에 큰 어려움이 없다고 예상했다.

월드컵이 끝난 후 히딩크 감독은 감독직에서 물러났다. 목표로 한 월드컵 16강 진출을 이뤄내고 손뼉을 칠 때 떠났다. 대한축구협회는 공석이 된 감독 자리에 월드컵 대표팀의 박항서 코치를 임명한다. 아시안게임 대표팀은 이영표, 박지성, 이운재, 이천수, 최태욱 등 월드컵 전사들이 대거 포함되어 있었다.

박항서 감독은 부산아시안게임에서 대표팀을 이끌고 예선전을 무난하게 통과했다. 나는 양산공설운동장에서 벌어진 대한민국 대 오만과의 예선전을 직접 관람했다. 당시 주장은 이동국 선수였다. 그는 노란색 완장을 왼팔에 차고 그라운드를 종횡무진 누볐다. 승부는 5-2로 대한민국의 일방적인 승리였다.

준결승에서 중동의 강호 이란과의 경기에서 경기를 주도하고 나서도 골이 터지지 않아 승부차기에서 아쉽게 패했다. 한국은 3 · 4위전에서 태국을 꺾고 동메달을 획득했다. 박 감독은 기대하던 금메달을 따지 못했고 축구협회와의 갈등으로 석 달 만에 감독직에서 물러났다.

2002년 10월 부산 아시안게임 감독직은 누가 봐도 맡기에 쉽지 않은 자리였다. 대표팀이 6월 열린 월드컵에서 너무 좋은 성적을 거뒀기 때문이다. 월드컵 대표팀 코치였던 박항서는 감독으로 선임되었지만 부담이 큰 자리였다. 국민들과 언론의 눈높이가 너무 높아져 있어서 당연히 금메달을 따는 것으로 생각했다. 하지만 국제대회는 한 경기도 녹록한 경기가 없었다. 대한민국에서 벌어진 경기였지만 모든 국가들이 자존심을 걸고 싸웠기 때문에 쉽지 않은 승부였다.

박항서 개인에게 2002 부산 아시안게임은 감독으로 데뷔한 무대였다. 하지만 신고식을 호되게 치렀다. 경기 결과에 대해 책임을 지고 감독직에서 내려와야 했다. 그는 다음해에 후배인 최순호 감독이 있는 포항 스틸러스의 수석코치로 들어간다. 국내 프로축구에서는 이례적인 일이었다.

2002년 박항서 감독은 천국과 지옥을 다녀왔다. 불과 4개월 만에 일어난 일이다. 그해 6월에는 국민들로부터 뜨거운 찬사와 사랑을 받았다. 하지만 9월 아시안게임에서는 잘 싸우고도 감독직에서 물러났다. 짧은 시간 동안 극과 극을 경험했다. 단기간에 이런 경험을 한 사람도 드물 것이다.

세상에 버릴 만한 경험은 없다고 했던가! 박 감독은 이때의 경험 때문인지 2018 아세안축구연맹AFF 스즈키컵에서 우승하고 나서도 결코 자만하거나 우승의 기쁨에 도취되어 있지 않다. 박 감독은 최근의 인터뷰에서 "인기는 연기와 같은 것이다."라고 말했다. 2002년 한국에서 경험을 떠올렸을 것이다. 2002년을 기점으로 감독 생활을 시작한 박항서 감독. 그에게 감독이란 역할은 결코 쉽지 않았다. 하지만 그런 경험들이 모여서 오늘의 베트남에서의 영광의 토대가 된 것은 부인할 수 없는 사실이다.

대한민국 국민에게 2002년은 월드컵 열기로 뜨거웠던 승리와 환희의 역사로 기억된다. 하지만 박 감독에게는 그렇지 못했다. 그는 영광만큼이나 좌절을 경험한 해였다. 그렇지만 박 감독은 묵묵히 자신의 축구를 해 나갔다. 자신보다 후배인 감독 밑에서 코치도 했고 프로팀과 실업팀에서 감독으로 성심성의껏 선수들을 지도했다. 그 과정에서 약팀을 강팀으로 올려놓는 데 탁월한 리더십을 발휘했다. 이것은 박 감독이 베트남에 오게 된 결정적인 이유다.

사람의 미래는 알 수 없다. 오늘의 경험이 내일 어떻게 쓰일지 모른다. 그래서 순간순간 최선을 다해야 하고 이겨내야 한다. 얼마나 성실하게 임했느냐가 미래에 긍정적인 영향을 미친다. 박 감독은 고진감래苦盡甘來라는 말이 잘 어울린다.

자존심을 뛰어넘는 열정

2002년 천국과 지옥을 경험한 박항서 감독. 그는 2003년에 포항 스틸러스의 수석코치로 부임했다. 국가대표 감독까지 지냈지만 자존심을 과감하게 접었다. 국가대표팀 감독에서 프로팀 코치로 새로 시작했다. 당시 포항의 박항서 코치는 최순호 감독보다 나이가 세 살 많았다. 국내 프로축구에서 감독보다 나이가 많은 코치는 드물었다.

보통 사람이었다면 후배 밑에서 코치로 일하려고 마음먹고 결정하기가 쉽지 않았을 것이다. 그럼에도 불구하고 박 감독이 그런 결정을 할 수 있었던 것은 축구에 대한 열정 때문이었다.

그는 포항에서 코치로 있을 때 선수들의 얼굴만 보고도 무슨 고민이 있는지 몸 상태가 어떤지 바로 알아차렸다. 그는 선수들과 농담도 하고 사우나도 같이 갔다. 선수들이 경기와 훈련으로 받은 스트레스와 긴장을 풀어 주기 위해서였다. 선수들은 그를 팀을 편안하게 이끌어나갔던 몇 안 되는 코치라고 입을 모아 말했다.

2004년 6월 27일 포항 스틸러스 축구 전용구장. 종료 휘슬이 울리자 포항 스틸러스 최순호 감독은 박항서 코치를 부둥켜안았다. 박항서는 코치로 최순호 감독을 도와 2004년 K리그 전기 리그에서 포항의 우승을 이뤄냈다. 포항의 9년 만의 우승이었다. 포항은 지난해에는 리그 7위였다. 정상에 오르는데 박 코치는 숨은 공신이었다. 그는 서열이 엄격한 한국 축구계에서 3년 후배인 최 감독을 2년째 보좌했다. 지난 시즌 부진 때문에 최 감독이 퇴진 압박을 받았을 때 박 코치 역시 밤잠을 설쳤다. 그는 악역을 마다 않고 선수들을 독려했다. 2004년 막강해진 포항의 수비력은 박 코치의 지도 때문이라고 안팎에서 평가했다. 박 코치는 포항 우승의 숨은 공신으로 이듬해 창단한 경남FC의 초대 감독으로 부임할 수 있었다. 2년간 후배 감독과 함께 좋은 성적을 올린 결실이었다.

박 감독은 신생팀 경남FC를 리그 4위까지 끌어올리는 놀라운 능력을 보여 준다. 하지만 구단과의 갈등으로 두 시즌 만에 감독직에서 물러난다. 이후 전남 드래곤즈 감독으로 2008년부터 세 시즌을 맡았다. 전남을 맡아 2008년 삼성하우젠컵에서 준우승했고 2009년에는 K리그 4위에 오르는 좋은 성적을 보였다. 하지만 2010년에는 성적이 부진하여 감독직에서 내려왔다.

박 감독은 경남FC와 전남 드래곤즈 감독을 거쳐 2013년 상주 상무 감독으로 부임했다. 상주 상무는 프로팀이지만 다른 팀들과 달리 특수한 팀이다. 군인들이 모인 팀이기 때문이다. 대부분의 선수는 소속된 팀에서 선수 생활을 하다가 군대에 갈 나이가 되어 입대하여 상무팀에 들어왔다. 상무팀은 선수들이 팀에 일정 기간만 머무르다 떠난다. 감독은 계속 바뀌는 선수들을 데리고 좋은 성과를 올리기 쉽지 않다는 고민을 늘 할 수밖에 없다.

이런 어려운 여건에서도 박 감독은 상주 상무를 맡아 네 시즌 동안 팀이 속한 리그 우승과 1부 리그 승격 등 괄목할 만한 성과를 올린다. 2013시즌에는 팀이 소속된 K리그 챌린지에서 우승을 차지한다. 상무팀은 2014시즌에는 K리그 클래식으로 올라갔다. 그런데 2014시즌에 부진한 성적 때문에 K리그 챌린지로 다시 강등된다. 하지만 2015시즌에 다시 K리그 챌린지에서 우승하며 K리그 클래식으로 승격된다. 박 감독은 상무에 있으면서 1부 리그 승격의 공로로 감독상을 수상했다.

두 개의 프로팀을 거치며 맡은 상주 상무는 군인들로 구성된 특이한 프로팀이었다. 박 감독은 축구 지도자로써 서서히 내리막길을 걷는 듯했다. 환경을 탓하거나 좌절하지 않았다. 주어진 상황을 받아들이고 꾸준하게 노력했다. 그 결과는 좋은 성적으로 나왔다. 2부 리그 소속의 팀을 두 번이나 우승시켰다. 두 번씩이나 1부 리그로 승격시켰다. 선수 시절 '밧데리배터리'라는 별명처럼 특유의 열정과 끈기로 팀을 이끌어 뛰어난 성과를 올렸다.

한 시즌도 맡기 어려운 팀을 네 시즌이나 맡았던 점도 대단하다. 입대와 제대를 반복하며 팀의 구성원들이 계속 바뀌는 상황에서도 꽤 오랫동안 감독직을 수행했다. 그러면서도 이근호와 이정협 선수를 국가대표로 발탁되도록 지도했다. 어려운 여건 속에서도 맡은 팀을 정상에 올리고 1부 리그까지 승격시킨 점은 누가 봐도 인정할 만하다. 이렇게 약팀을 강팀으로 만드는 능력은 현재 베트남 대표팀을 맡아서 빛을 발하고 있다. 박 감독이 한국에서 프로팀 감독을 맡은 것은 강력한 베트남 대표팀을 만들기 위한 연습 기간이라고 생각된다.

> 인간은 무한한 열정을 쏟는 일에서는 거의 반드시 성공한다.
>
> -찰스 슈왑, 미국의 기업가

박 감독은 1980년대 중 · 후반 럭키금성 선수로 선수 생활을 했다. 당시 그의 별명은 '배터리'였다. 그만큼 힘이 넘치는 플레이를 펼쳤다. 1994년 미국 월드컵에서 대한민국 대표팀 감독을 맡았던 김호 감독은, 선수 시절의 박 감독을 지치지 않는 힘으로 팀에 활력을 불어넣는 희생적인 선수라고 기억했다. 박 감독은 선수 시절 그만큼 열정적이었다. 활력 있고 패기 넘치는 플레이를 펼쳤다. 그의 이런 헌신적인 플레이는 팀의 우승에 큰 도움이 되었다. 박항서 선수는 베스트 일레븐에도 뽑혔다.

어떤 사람의 진가는 좋은 일이 있을 때보다 그 반대의 경우에 더 잘 드러난다. 박 감독은 나이가 적은 후배가 감독으로 있는 팀의 코치로 최선을 다했다. 또 프로팀과 군인 팀 상무 감독으로 어려운 여건 속에서도 좋은 성과를 냈다. 박 감독은 자존심을 뛰어넘는 열정을 보였다. 선수로서 코치로서도 감독일 때도 그의 축구에 대한 열정은 한결같았다. 그의 뜨거운 열정은 좋은 결과로 이어졌다.

어려운 일에 부딪혔을 때 사람들은 여러 가지 반응을 보인다. 힘들어서 도망가는 사람도 있고 다른 사람에게 하소연하는 사람도 있고 당당히 맞서는 사람도 있다. 많은 사람이 역경 앞에서 도망가거나 무너진다. 소수의 용기 있는 사람만이 정면으로 맞선다. 역경을 이겨내고 다시 일어서는 사람은 손에 꼽을 정도다. 역경은 사람을 강하게 만든다. 이전에 볼 수 없었던 것을 보는 능력과 앞으로 비슷한 역경이 닥쳤을 때 이겨낼 수 있는 능력을 가지게 만들고, 더 큰 역경이 오더라도 담담히 맞설 수 있는 힘을 갖게 만든다.

박 감독은 자신에게 닥친 힘든 순간을 의연하게 잘 견디고 이겨냈다. 그 시기는 힘들었지만 그를 단단하게 만들었다. 그는 힘든 시기를 겪어낸 사람만이 가질 수 있는 능력을 갖추게 되었다. 전체적으로 어떤 부분에 문제가 있고 어떤 전략을 세워서 무엇을 실행해야 하는지 알게 되었다. 무엇보다 어려움을 헤쳐나갈 수 있는 노하우와 지혜를 체득했다. 약한 팀을 강하게 만드는 방법을 배우고 익힌 시기였다. 박 감독은 준비된 리더였다. 이론이 아닌 현장에서 온몸으로 체득한 노하우로 준비된 감독이었다.

축구 인생을 살다

한 분야에서 오랫동안 일하기는 쉽지 않다. 사무직으로 일하던 사람이 영업을 하기도 하고 설계하던 사람이 카페를 창업하기도 한다. 사회복지사로 일하던 사람이 다니던 직장이 문을 닫아 생산직으로 일하기도 한다. 작가의 꿈을 이루기 위해 간호사를 그만두고 글을 쓰기도 한다.

한 분야에서 10년 정도 올바른 방향으로 열심히 일한 사람은 전문가가 된다. 영업, 사무, 스포츠 등 분야와 관계없이 일정한 경험과 노하우를 쌓으면 자연스레 전문가의 경지에 오른다. 하지만 누구나 이런 경지에 오르는 것은 아니다.

몸담은 분야에서 뜨거운 열정으로 일을 사랑했던 사람만이 도달한다. 하루하루 먹고살기 위해 일하는 것이 아니라, 정성스런 마음을 갖고 최선을 다하는 사람들에게 가능한 일이다.

박항서 감독은 '축구'라는 한 우물을 팠다. 프로 리그에서 선수를 거쳐 코치와 감독으로 활약했다. 그는 다른 선수들보다 늦게 축구를 시작했다. 1지망 했던 고등학교에서 떨어진 뒤 2지망으로 들어간 경신고등학교에서 축구를 시작했다. 축구가 너무 하고 싶어서 감독에게 절실하게 요청해서 어렵게 선수가 될 수 있었다. 늦게 시작했지만 열정적으로 노력했다.

그는 1978년에 대한민국의 U-20 20세 이하 청소년 대표로 활동했다. 1978년, 제20회 아시아 청소년 축구선수권 대회에서 주장으로 뛰었다. 준결승에서 만난 북한과의 승부차기에서 첫 번째 키커로 나서 골키퍼를 완전히 따돌리면서 깨끗하게 성공시킨다. 이 대회에서 대한민국은 우승을 차지한다. 그는 1979년부터 1980년까지는 대한민국 국가대표 2진에서 활동했다.

이후 1981년에 제일은행에서 선수로 뛰었고, 1981년에서 1983년까지는 육군에 입대하여 육군 충의팀 선수로 군 복무를 마쳤다. 본격적인 프로 생활은 1984년부터 1988년까지 럭키금성 황소팀에서였다. 1985년에는 팀의 미드필드 포지션을 맡았는데 강한 체력을 무기로 종횡무진 활약하며 베스트 일레븐에도 뽑히며 팀을 리그 우승으로 이끌었다. 그는 선수 시절 열심히 그라운드를 누볐다. 선수 시절 별명은 '밧데리'다. 다부진 몸으로 경기 내내 쉬지 않고 끊임없이 그라운드를 누비며 팀에 활력을 불어넣었기 때문에 붙여진 별명이다. 에너지가 넘치며 끈질긴 플레이를 펼쳤다.

1988년까지 선수로 뛴 박 감독은, 다음해부터는 선수로 뛰었던 럭키금성에서 코치로 지도자 생활을 시작한다. 그는 1989년에는 1990년까지 럭키금성 황소의 트레이너로 활동했다. 이후 럭키금성에서 이름을 바꾼 LG치타스에서 1991년부터 1996년까지 코치로 활동한다. LG치타스 코치로 있으면서 1994년에는 미국월드컵에서 김호 감독과 함께 대한민국 대표팀의 코치로 활약하기도 했다.

이후 1997년부터 2000년까지는 수원 삼성 블루윙즈 2군 코치로 일했다. 박 감독은 수원 삼성에 코치로 있으면서 팀이 좋은 성적을 내는데 크게 기여했다. 수원 삼성은 1998, 1999 두 시즌 동안 K리그 우승을 차지했다. 또 1999시즌에는 리그컵 우승을 차지하기도 했다.

2000년부터 2002년까지는 히딩크 감독이 지휘봉을 잡은 대한민국 국가대표팀의 수석코치로 활약했다. 이때는 네덜란드 출신의 감독과 어린 선수들 사이에서 훌륭한 연결고리 역할을 톡톡히 해냈다. 그의 형님 리더십으로 대한민국 대표팀은 예선 조별리그에서 폴란드와 포르투갈에 승리하고 미국에 비기며 2승 1무 조 1위의 성적으로 당당히 16강에 진출했다. 그의 축구 인생에서 최고의 순간이었다.

포르투갈과의 예선 마지막 경기를 1-0으로 이기고 대한민국 대표팀의 16강 진출이 확정되는 순간, 히딩크 감독은 박 코치의 시원한 이마에 키스했다. 아직도 기분 좋은 기억으로 남아 있는 명장면이다. 대한민국 대표팀은 감독과 코칭스태프 그리고 선수들의 완벽한 팀워크로, 목표로 했던 16강을 넘어 4강까지 진출하는 신화를 쓰며 전 세계의 이목을 집중시켰다.

2002년 6월 한일월드컵이 끝나고 대한민국 대표팀을 지휘하던 히딩크 감독이 떠나고 3개월 후 치러진 2002 부산 아시안게임에서 박항서 코치는 감독으로 대표팀의 지휘봉을 잡는다. 월드컵 전사들을 이끌고 참가한 아시안게임에서 동메달을 획득한다. 하지만 석 달 만에 감독직에서 물러난다. 4강 신화를 쓴 선수들을 데리고도 금메달을 획득하지 못했다는 책임과 대한축구협회와의 갈등 때문이었다. 박 감독이 지도자 생활 중 가장 가슴 아프게 생각하는 대목이다.

이후 2003년부터 2004년까지는 포항 스틸러스에서 코치를 맡았다. 자신보다 나이가 어린 후배 감독 밑에서 수석코치 역할을 충실히 해낸다. 당시 연공서열이 강한 한국 축구에서는 이례적인 일이었다. 박 코치의 조력으로 포항은 2004년 전기 리그 우승을 차지할 수 있었다. 이때의 활약으로 지도자로서의 능력을 대・내외로부터 인정받는다.

2005년부터는 경남FC의 초대 감독으로 부임한다. 처음으로 프로팀 감독을 맡게 된 것이다. 신생팀은 정비가 잘되지 않아 챙길 것이 많았다. 기존 팀들처럼 일정 수준까지 실력을 끌어올리기 위해서는 상당한 훈련과 시간이 필요했다. 박 감독은 경남FC에서 2006, 2007 두 시즌 동안 사령탑을 맡았다. 2007년에는 팀을 K리그 4위까지 끌어올리는 리더십을 발휘한다.

2008년부터는 전남 드래곤즈로 옮겨 2010년까지 감독을 맡았다. 전남 감독으로 있으면서 지역의 유소년 출신 선수를 기용하고 좋은 선수를 영입하는 등 팀 전력을 강화했다. 박 감독은 전남에 있으면서 팀을 2008시즌 리그컵 준우승과 2010년 FA컵 3위에 올려놓았다. 또 2009시즌에는 팀을 K리그 4위로 이끌었다.

이후 2012년부터 2015년까지는 군인들로 이루어진 상주 상무 감독으로 지휘봉을 잡았다. 상무는 주로 K리그 2부 리그에 있다가 1부 리그로 승격하기도 했다. 박 감독은 2013, 2015 두 시즌을 2부 리그인 K리그 챌린지에서 팀을 우승으로 이끌었다. 상무는 리그 우승으로 1부 리그 진출을 결정하는 승강 게임의 자격을 얻는다. 승강 경기에서 승리한 상무는 2014, 2016시즌에 K리그 1부 리그에 진출했다.

박 감독은 2016년에는 한 해를 쉬고, 2017년에는 고향 경남에 있는 창원시청 감독으로 일한다. 창원시청은 경상남도가 구단주인 실업팀이다. 박 감독은 수준 높은 곳을 경험한 감독답지 않게 코칭스태프와 선수들을 소탈하고 친근하게 대한다. 박 감독의 지도력으로 창원시청은 그해 팀이 속한 2017 내셔널 축구선수권대회에서 우승한다. 또 전국체전에서도 우승하며 2관왕을 차지하는 놀라운 성과를 보인다.

박 감독은 국가대표팀에서 프로 1부 리그로, 다시 프로 2부 리그를 거쳐 실업팀 감독을 맡으며 서서히 내리막길을 걷는다. 나이도 어느덧 환갑이 다 되어간다. 대한민국에서는 어느 직장이든 대부분 은퇴하는 시기다. 박 감독도 창원시청에서 지도자 생활이 끝나는 게 아닌

가라고 생각했을 것이다.

하지만 2017년 9월 박 감독에게는 생각지도 못한 기회가 왔다. 아내의 조언으로 지원한 베트남 축구 국가대표팀의 새 사령탑을 맡게 된 것이다. 경쟁률은 무려 300대 1이었다. 박 감독은 베트남축구협회와의 면접에서 작은 키로 선수 생활을 했기 때문에, 키 작은 베트남 선수들의 어려움을 알고 있고 실력을 향상시킬 수 있다며 인간적으로 어필했다. 그것이 통해서 베트남 대표팀 감독을 맡을 수 있었다. 또 그를 베트남 대표팀에 소개해 준 DJ매니지먼트 이동준 대표의 역할도 컸다. 약팀을 이끈 감독 중 승률이 61%로 가장 높다는 객관적인 자료를 제시했기 때문이다.

베트남 대표팀 감독으로 부임한 지 얼마 되지 않아 베트남 언론으로부터 차가운 평가를 받았지만, 부임 두 달여 만에 라이벌 태국에 10년 만에 승리하며 기적의 서막을 알린다. 박 감독은 베트남 대표팀을 완전히 새로운 팀으로 바꿔 놓는다. 베트남 선수들은 지칠 줄 모르는 체력을 바탕으로 정확한 패스와 시종 일관 힘이 넘치는 플레이로 이전과는 완전히 다른 플레이를 펼친다. 베트남 대표팀은 2018년 1년 동안 2018 아시아축구연맹AFC U-23 대회 준우승, 2018 인도네시아 자카르타-팔렘방 아시안게임 4강, 2018 아세안축구연맹AFF 스즈키컵 우승이라는 놀라운 성과를 거둔다.

또 지난 1월 UAE에서 열린 아시안컵에서는 8강까지 오르며 베트남 대표팀의 저력을 보여 줬다. 베트남은 D조에서 1승 2패로 16강 진출 여부가 불투명했는데 조 3위로 다른 조 3위 팀들과의 골 득실, 다득점, 페어플레이 점수에서 극적으로 이겨 16위로 16강에 올랐다. 이후 16강에서 C조 1위 요르단도 격파하며 동남아 축구의 자존심을 지켰다.

박 감독은 축구 인생을 살아왔다. 선수로서 코치로서 감독으로서 축구라는 한 분야에서 꾸준히 실력을 쌓아왔다. 그는 잠재력에 비해 실력을 제대로 발휘하지 못했다. 40대 후반에 감독을 시작해서 눈에 띄는 성과를 내지 못했다. 상무 감독으로 감독상을 받은 적은 있었지만 K리그 우승과 같은 눈에 띄는 결과는 만들지 못했다. 직설적인 성격으로 구단과의 갈등으로 좋은 성적을 올리고도 감독직에서 물러나는 안타까운 일도 있었다. 축구 감독으로서 순탄한 과정만 밟지는 않았다.

하지만 이 모든 것들이 그에게는 약으로 작용했다. 국내에서 겪었던 모든 일들이 베트남 대표팀 전력을 강화하는 밑거름이 되었다. 승리하는 경기를 추구한 것, 한국의 선진 프로그램을 베트남에 적용시킨 것, 그에 더해 박 감독만의 친화력으로 선수들과 좋은 관계를 맺은 것이 모두 빛을 발해 베트남에서의 놀라운 결과를 만들었다. 사람의 미래는 알 수 없다. 현재 어렵고 힘들더라도 미래에는 어떤 영광의 자리에 있을지 알 수 없다. 그것이 지금 이 순간 최선을 다해야 할 이유다.

절대 고개 숙이지 마라

사람은 언제 고개를 숙이게 될까? 어떤 일을 잘했을 때보다 잘하지 못했을 때, 기대보다 안 좋은 결과가 나왔을 때 고개를 숙인다. 이것은 부끄러움과 미안함의 표현이다. 하지만 그럴 필요가 없는데도 고개를 숙이는 것은 자신감이 떨어졌기 때문이다. 그때는 고개를 들어야 한다. 자신의 능력을 최대한 발휘했다면 결코 부끄러워하거나 미안해하지 않아도 된다. 자신에게 충실했다면 그것으로 충분하다. 열심히 했는지 그렇지 않았는지는 본인이 잘 안다.

"절대 고개 숙이지 마라!"

베트남 대표팀은 2018년 초 중국 창저우 올림픽 스포츠센터에서 벌어진 아시아축구연맹AFC U-23 챔피언십 대회 결승전에서 우즈베키스탄과 우승을 놓고 120분간 혈투를 벌였다. 경기장에는 눈이 내리고 있었다. 경기를 중단해야 할 만큼 눈이 펑펑 내렸다. 베트남은 아열대 기후의 더운 나라다. 그런 베트남 대표팀 선수들 중 눈을 본 사람은 두 명밖에 없었다. 대부분의 선수는 이 대회에서 눈을 처음 봤다. 이 경기에서 베트남은 연장 후반까지 가는 접전 끝에 2-1로 패했다.

많은 베트남 팬들은 자국의 젊은 선수들의 멋진 플레이를 응원하기 위해 눈이 내리는 날씨에도 아랑곳하지 않고 멀리 중국까지 가서 응원했다.

결승전에서 아쉽게 우즈베키스탄에 패한 베트남 선수들은 락커룸에서 고개를 숙였다. 몇몇 선수들은 눈물까지 흘렸다. 이날 베트남 선수들은 최선을 다했다. 눈이 펑펑 내리는 궂은 날씨에도 경기가 끝날 때까지 시종일관 투지 넘치는 플레이를 펼쳤다. 아쉽게 연장 후반전이 끝나기 직전에 골을 허용하고 말았다. 하지만 경기 자체로 보면 결코 졌다고 할 수 없었다. 고개를 떨군 베트남 선수들을 향해 박항서 감독은 말했다.

"너희들은 최선을 다했다. 고개 숙이지 마라. 절대로 고개 숙이지 마라!"

이렇게 박 감독은 베트남 선수들의 안타까운 마음을 어루만졌다. 박 감독도 우승의 문턱에서 아쉬운 마음이 들었을 것이다. 그럼에도 베트남 축구사에 기적을 써 내려간 선수들을 노고를 격려하며 마음을 어루만졌다. U-23 대회는 베트남 축구에 중요한 의미를 가진다. 이 대회를 통해 선수들은 '우리도 뭔가 할 수 있다', '하고자 하면 된다'는 자신감을 가질 수 있었다. 이전처럼 맥없이 무너지는 축구가 아니라, 시종일관 상대 팀을 압박하며 짜임새 있고 정교한 패스와 시원한 슛으로 긴장감 넘치는 축구를 보여 주었다.

또 이 대회는 베트남 축구 팬과 국민들을 1970년대 중반 베트남 통일 이후 하나로 만들었다. 베트남은 남북으로 길게 뻗어 있어 왕래가 쉽지 않다. 또 남북 간의 전쟁을 겪어서 지역감정도 남아 있다. U-23 대회에서 베트남 대표팀이 보여 준 플레이는 베트남 전역을 붉은 물결로 뒤덮였으며 남녀노소, 출신 지역을 불문하고 하나로 만들었다. 국가적으로 보면 국민이 하나 되는 것처럼 좋은 일이 없다. 박 감독과 선수들을 그 큰일을 축구로 해냈다.

박 감독이 베트남에 처음 와서 베트남 선수들에 관해서 들었던 이야기가 있다. 베트남 선수들은 예전부터 체력이 약하다는 것이었다. 선수들은 주위 어른들에게 그렇게 들어서 원래 체력이 약하다고 인정하고 플레이했다.

박 감독이 베트남 대표팀을 맡기 시작했을 때인 2017년 10월, 베트남 대표팀 선수들에 대한 구체적인 데이터가 부족했다. 그래서 체력측정을 구체적으로 했는데 생각보다 다른 나라 대표팀 선수들보다 많이 떨어지지는 않았다고 한다. 박 감독은 오랫동안 선수들이 체력이 약하다는 선입견을 가지고 있는것이 문제라고 지적했다. 체력은 약하지만 체격이 작기 때문에 민첩성은 뛰어나다고 평가했다. 그래서 단점은 보완하고 장점을 강화해서 팀을 정비하기 시작했다. 현재 베트남 대표팀은 쓰리백이나 포백의 강력한 수비라인을 바탕으로, 선수들의 스피드를 활용해 직선으로 침투하는 패스를 자주 시도하며 상대의 뒷공간을 노리는 플레이를 펼친다. 물론 이 전술은 상대가 강팀이든 약팀이든 공통으로 적용된다. 팀 전력이 비슷하거나 떨어진다고 생각되면 수비에만 치중하지 않고 미드필드를 거쳐 짜임새 있는 패스를 통해 강한 슛을 날리며 상대의 문전을 위협한다.

박 감독은 체력적인 부분도 중요하지만 정신적인 부분에서 밀리지 않도록 신경 썼다. 오랫동안 선수들이 가져왔던 고정관념을 깨는 것이 중요했다. 한번 깨어진 고정관념은 선수들 자신도 느낄 정도로 놀랄 만한 결과를 가져왔다. 베트남 국민들도 그것을 느낄 수 있었다. 박 감독은 오랜 지도자 생활을 통해 선수들의 믿음이 얼마나 중요한지 알고 있었다.

사람은 자신이 믿는 대로 되는 경향이 크다. 그것이 비관적인 사람들보다 낙관적인 사람들이 좋은 결과를 얻는 이유다. 이것은 공부든 일이든 스포츠든 관계없이 적용된다. 오랜 세월 동안 '우리는 체력이 약해서 축구를 못하고 그래서 지는 것은 어쩔 수 없다'는 패배의식을 깨뜨리는 것. 베트남 대표팀의 변화에 가장 중요한 것은 '생각의 변화'가 아니었을까 싶다.

박 감독은 베트남 대표팀이 경기하기 전 항상 '베트남 정신'을 강조했다. 베트남이 어떤 팀인지 경기장에서 직접 보여 주라고 주문한다. 그만큼 선수들에게 조국 베트남에 대한 자부심을 가지고 뛰라는 것이었다. 선수들은 외국인 감독의 입에서 나오는 비장한 목소리를 들으며 마음을 가다듬고 해낼 수 있다는 자신감을 가지고 경기장에 들어간다.

축구는 전쟁의 대리전이다. 다른 종목과 달리 국가 대항전의 경우 절대 질 수 없는 상대 국가가 있다. 대한민국이 일본에 질 수 없듯이 베트남은 태국에 질 수 없다고 한다. 대한민국은 20세기 초 35년간 일본에 식민 지배를 당한 치욕적인 역사가 있다. 그래서 한일전은 단순히 스포츠가 아니었다. 목숨을 바쳐서라도 이겨내야 하는 전쟁이었다. 베트남 역시 라이벌 태국에 지는 것을 굉장한 수치로 여긴다. 베트남은 태국을 2008년부터 10년간 이기지 못했다. 그런데 박 감독 부임 후 두 달 만인 2017년 12월 중순 M150컵에서 태국에 승리한다. 박 감독이 늘 패배에 익숙했던 팀의 정신력을 바꿔놓았기 때문에 가능했다.

> 생각이 변하면 행동이 변하고 행동이 변하면 습관이 변하고
> 습관이 변하면 성격이 변하고 성격이 변하면 운명이 변한다.
>
> -새무얼 스마일즈, 영국의 저술가

사람의 변화는 생각에서부터 시작된다. 사람은 늘 생각하는 것을 닮아간다. 그 생각을 따라 삶이 만들어진다. 생각의 변화는 쉽지 않다. 왜냐하면, 사람은 고정관념의 지배를 받으며 살고 있기 때문이다. 어떤 계기를 통해서 생각이 변할 수 있다면 천만다행이다. 하지만 어떤 사람이나 조직에게는 그런 계기조차 오지 않는다. 그런 기회를 만나도 잠시 머릿속으로 스쳐 지나갈 뿐 현실에서 행동으로 옮기는 것은 별개의 문제다.

베트남 대표팀은 대한민국 출신의 박항서 감독을 영입해 새로운 변화를 시도했다. 대표팀의 체질 자체를 완전히 바꾸는 새로운 도전을

했다. 단백질 위주로 선수들의 식단을 바꾸고 상체 근력 운동을 강도 높게 진행했다. 예전과 달리 같은 시간에 모든 선수가 모여서 밥을 먹고 같은 유니폼을 입고 소속감을 느끼며 이동한다. 개인적인 행동은 엄격히 통제되며 하나의 팀원으로서 팀워크를 극대화하기 위해 노력한다.

감독은 선수들에게 베트남 정신을 강조하고 자부심과 자신감을 강하게 심어준다. 감독과 코치는 베트남 국가가 울려 퍼질 때 금성홍기에 손을 얹어 예를 표한다. 선수 한 명 한 명을 존중하고 마치 친아들처럼 친근하게 대한다. 장난도 치고 스킨십도 하며 때로 직접 마사지도 한다.

박항서 감독과 함께 베트남 행을 택했던 대구FC 감독 출신의 이영진 수석코치는 경기 전 선수들에게 게임을 열심히 뛰어야 하는 몇 가지 이유를 강조한다. 먼저 가족들을 위해서 열심히 뛰라고 한다. 국가대표이기 때문에 대부분의 경기가 중계되고 그러면 가족들은 가슴을 졸이며 경기를 지켜보기 때문이다. 또 베트남을 위해서 최선을 다하라고 한다. 마지막으로 자신을 위해 뛰라고 한다. 자신의 능력을 후회 없이 펼치라고 강력하게 동기를 부여하는 것이다.

'절대 고개 숙이지 마라'는 박항서 감독의 말은 '우리는 최선을 다했다. 당당히 고개 들고 박수를 받아도 된다'는 의미의 다른 말이라고 생각된다. 그 말은 결승전에서의 패배가 아닌 지금까지 최선을 다한 선수들에게 자부심을 심어 주는 것이었다. 선수들은 패배자가 아니다. 승리자다. 국가와 가족과 자신을 위해 그라운드에서 최선을 다해 피와 땀을 흘렸기 때문이다. 최선을 다한 자는 아름답다. 멋이 있고 향기가 난다.

아버지 리더십

아침에 집을 나서 해가 지고 어두울 때 들어오는 사람, 말은 적지만 언제나 자식들을 깊이 사랑하는 사람, 내가 아니면 우리 가족을 먹여 살릴 사람은 없다고 생각하며 오늘도 묵묵히 자기 일을 하는 사람, 누구일까? 바로 우리들의 아버지다. 가장의 어깨는 무겁다. 가족의 안위가 그의 어깨에 달려있기 때문이다. 자신은 고생하더라도 아내와 자녀는 좋은 옷을 입고 맛있는 음식을 먹으며 편하게 살기 바란다.

박항서 감독에게는 아들이 있다. 베트남 대표팀 선수들은 자신의 아들보다 나이가 어리다. 그는 선수들 한 명 한 명을 아들처럼 살갑게 대한다. 아들보다 더 어린 타국의 젊은 선수들, 박 감독은 오직 그들의 축구 실력이 나날이 발전하길 원한다. 더불어 베트남 축구의 선진화를 위해 장기적인 안목을 가지고 유소년 축구에 투자하고 그것이 가능한 시스템이 만들어지고 정착될 수 있길 바란다.

박 감독은 선수들을 자상하게 대한다. 운동장에서 경기가 안 풀리면 "야!"라고 한국말로 고함도 친다. 하지만 대부분은 조용조용 자신의 말을 선수들에게 전달한다. 그는 세심하다. 경기에서 어떤 선수가 컨디션이 좋은지 어떤 선수가 몸이 안 좋은지 훤히 파악하고 있다. 감독 혼자 모든 선수들을 챙기는 것은 아니다. 이영진 수석코치를 비롯해 베트남 코치와 피지컬 트레이너 등의 코칭스태프도 지원을 아끼지 않는다. 경기 전 선수들의 컨디션과 몸 상태는 경기 결과에 결정적인 영향을 미친다. 베스트 일레븐으로 뛰는 선수가 몸이 안 좋으면 감독의 고민은 깊어진다. 베트남은 2018년 말부터 진행된 아세안축구연맹AFF 스즈키컵이 끝난 후 쉬지도 못하고 2019년 아시안컵을 준비하고 치러냈다.

박 감독과 코칭스태프는 쉬는 시간이 부족한 상황에서 계속 국제대회에 참석하는 선수들의 체력이 걱정이었다. 지난해 12월 스즈키컵이 끝나고 나서 불과 2주도 쉬지 못한 상황에서 북한, 필리핀과의 평가전을 가지며 아시안컵을 준비했다. 아시안컵 예선 1차전인 이라크전에서는 역동적인 플레이로 경기를 리드했지만 후반 체력이 떨어져 아쉽게 패했다. 이란과의 2차전에서는 수비 위주의 플레이를 펼치다 패했고, 3차전 예멘전에서는 승리했지만 체력이 많이 떨어졌다는 것이 눈에 보였다. 이런 악조건 속에서도 베트남 대표팀은 기적적으로 16강에 올라 요르단을 꺾고 8강까지 진출하는 이변을 연출했다.

박 감독은 아시안컵이 끝난 후 가진 기자회견에서 베트남 선수들이 최선을 다했다며 선수들을 칭찬하고 격려했다. '이번 대회를 통해 베트남 대표팀이 아시아 최고 팀과의 경기에서 어떻게 경기를 풀어내야 하는지에 대한 경험을 쌓는데 도움이 됐다'고도 말했다.

아버지란 책임지는 존재다. 집의 어려운 일이 있을 때 가장 먼저 발 벗고 나선다. 반대로 기쁜 일이 있을 때는 모든 가족들에게 소식을 알려 함께 기뻐한다. 박 감독은 지난해 2018년 베트남 축구 대표팀을 맡아 축구 인생에서 가장 기쁜 1년을 보냈다. AFC U-23 대회, 아시안게임, 스즈키컵 등 국제대회에서 연달아 좋은 성적을 거두었다. 이런 놀라운 성적의 바탕에는 박 감독의 선수들에 대한 깊은 신뢰가 있었다. 아버지가 아들을 믿는 강한 믿음이었다. 선수들은 아버지와 같은 믿음에 보답이라도 하듯 최선을 다해 뛰었다. 베트남 축구는 좋은 기운을 받아서 승승장구했다. 대표팀의 좋은 결과는 대표팀에서 그치지 않았다. 대표팀을 응원하는 1억 베트남 국민들에게 베트남 사람이라는 자부심을 심어 주며 그들을 하나로 만들었다.

"우리 선수들은 감독님을 아버지처럼 여깁니다."

2019년 2월 14일 K리그 인천 유나이티드에 입단한 베트남 국가대표 응우옌 콩 푸엉 선수의 말이다. 콩 푸엉은 베트남 대표팀의 스트라이커다. '베트남의 메시'라는 별명을 가진 콩 푸엉의 입단은 인천에서 선수생활을 했던 베트남 대표팀의 쯔엉 선수에게 인천 구단에 대해 들은 영향도 있었다. 그는 아시아 최고 리그인 K리그에서 자신의 실력을 쌓고 팀에 기여하기 위해 입단했다. 콩 푸엉 선수가 말했듯이 베트남 대표팀 선수들은 박 감독을 아버지처럼 생각한다. 믿고 따른다. 박 감독과 선수들은 아버지와 아들처럼 좋아 보인다.

이번 콩 푸엉의 인천행에 박 감독의 공이 크다. 얼마 전 아랍에미리트UAE에서 끝난 아시안컵에서 콩 푸엉은 이라크와 요르단을 상대로 각각 골을 넣으며 베트남을 8강으로 이끄는 데 공을 세웠다. 콩 푸엉의 활약을 눈여겨본 인천 구단 관계자는 스카우트에 대해 진지하게 검토했다. 인천은 콩 푸엉을 아시아쿼트를 활용해 1년 동안 임대로 영입했다.

박 감독은 베트남 대표팀을 때로는 엄격하게 때로는 자상하게 이끌었다. 감독이라는 권위를 내세우지 않고 선수들에게 다가갔다. 타국의 젊은 선수들에게 말이 통하지 않아서 스킨십으로 다가갔던 것도 좋은 결과를 낳았다. 말이 통하면 바로 다가가는데 오히려 어려울 수 있다. 말이 통하지 않아서 좀 더 가까이 다가가려고 관심을 가졌다. 어깨를 두드리는 것은 기본이다. 경기 중 교체되어 나오는 선수에게는 수고했다며 목 뒤를 손으로 가볍게 터치한다. 경기가 끝난 뒤에는 선수들을 찾아가 직접 발 마사지도 한다. 마음에서 우러나온 행동이었다.

따뜻하고 자상한 감독의 마음을 느낀 선수들은 그 순간 피로가 확 풀렸을 것이다. 감독이 아닌 아버지처럼 자식을 아끼고 걱정하는 마음을 느꼈을 것이다. 모든 경기가 끝날 때마다 그런 것은 아니었지만 박 감독은 다치거나 몸이 불편한 선수들을 찾아가 마사지했다. 선수들은 90분 동안 그라운드에서 필사적으로 뛰어 몸이 천근만근인데 감독의 이런 진심 어린 배려에 마음이 흐뭇했을 것이다. 이런 작은 행동 하나가 팀의 결속력을 다지게 만든다. 사람 사이에는 정情을 주고받는 만큼 좋은 것이 없다. 베트남 대표팀이 기적을 만든 바탕에는 선수와 감독 사이에 이런 교감이 있었다.

> 당신의 가장 소중한 재산은 금융 자산이 아니다. 당신의 가장 소중한 재산은 일터에 있는 당신의 사람들이고, 그들의 머릿속에 들어 있는 내용들이며, 그리고 협동할 줄 아는 그들의 능력이다.
>
> - 로버트 라이시 Robert Reich, 前 미국 노동부장관

박항서 감독은 선수를 유난히 아낀다. 사람이 중요하다는 걸 알고 실천한다. 크고 대단한 것이 아니라 작고 사소한 것부터 챙긴다. 이것은 갑자기 시작한 행동이 아니다. 한국에서 프로팀을 맡고 있을 때부터 해오던 것이다. 국가대표팀이든 프로팀이든 실업팀이든 팀의 종류는 중요하게 생각하지 않았다. 그는 자신이 맡은 선수들을 진심으로 아끼고 격의 없이 다가가며 배려한다. 이것이 박 감독의 가장 큰 장점이다. 누구든 자신을 아끼고 존중해 주는 사람을 좋아한다. 감독과 선수 사이에서 감독이 먼저 선수에게 편안하게 다가가 따뜻한 미소로 대하면 선수들도 그렇게 반응한다.

베트남 대표팀 선수들은 순수하다. 열정적이다. 욕심도 있다. 성실하다. 체격은 다른 나라 선수들에 비해 왜소하지만 멘탈은 뒤떨어지지는 않는다. 대한민국이 1970, 80년대에 가졌던 헝그리 정신을 갖고 있다. 민족적인 자부심과 자긍심도 갖고 있다. 프랑스와 미국과의 전쟁에서 승리했던 정신적 유산을 몸속에 지니고 있다. 어쩌면 베트남

대표팀은 팀을 하나로 결집시켜 팀의 능력을 탁월하게 만들어 줄 박 감독 같은 사령탑을 오랫동안 기다려 왔는지도 모른다.

관중석과 TV로 경기를 시청하는 팬들은 자국 대표팀이 승리하기 원한다. 패하더라도 투지 넘치며 흥미로운 플레이를 펼치기를 기대한다. 박 감독이 부임하고 불과 몇 달 만에 베트남 대표팀의 분위기는 완전히 달라졌다. 승리할 수 있다는 자신감을 가졌다. 체격은 게임에 큰 문제가 되지 않는다는 것을 보여 주었다. 처음 경험하는 설전雪戰에서도 당황하지 않고 자신감 있는 플레이를 펼쳤다.

말없이 곁에만 있어도 든든한 존재, 잘할 때나 그렇지 않을 때나 한결같이 믿어 주는 존재, 언제나 그 자리에서 자신의 일을 성실하게 하는 존재, 그가 아버지다. 아버지의 가장 큰 덕목은 든든함이다. 믿을 수 있다는 것. 그것은 언제라도 나를 지켜 주고 올바른 길로 이끌어 줄 것이라는 믿음이다. 아버지는 힘들어 풀이 죽어 있을 때 어깨를 두드리며 별일 아니라며 괜찮다며 나를 일어서게 만드는 존재다.

베트남 대표팀에 있어서 박항서 감독은 아버지다. 심판의 판정이 아니다 싶을 때는 인상을 쓰고 팔을 올리며 강력하게 항의한다. 아들 같은 선수가 경기장에서 넘어져 인상을 쓰고 일어나지 못하면 어쩔 줄 몰라 하며 발을 동동 구른다. 우승이 몇 분 남지 않은 그 순간에도 긴장을 늦추지 않고 선수들에게 침착하라며 양팔을 아래로 여러 번 내리는 제스처를 한다. 기자회견장에 샴페인을 들고 나타나 자신의 얼굴에 뿌린 어린 선수들에게 엄지를 치켜세운다. 공은 선수들에게 욕은 자신이 먹을 줄 아는 리더다.

One Team

"둘은 하나보다 낫고, 다섯은 둘보다 낫습니다."

영화 〈왓 위민 원트What women want〉에서 여주인공 달시 맥과이어헬렌 헌트가 닉 마샬멜 깁슨이 근무하고 있는 광고기획사의 기획부장으로 영입된 첫날 공개석상에서 한 말이다. 한 명보다는 두 명이 함께 머리를 맞대고 해결책을 모색하는 것이 훨씬 더 낫다. 영화에서 마샬은 감전 사고로 여자의 마음을 읽는 능력이 생긴다. 곁에 있는 모든 여자의 생각이 들린다. 마샬은 이 능력으로 동료인 달시의 마음을 읽는다.

마샬은 달시와 머리를 맞대어 기획안을 짜고 광고 포스트를 선택한다. 그는 밤 10가 넘도록 혼자 사무실에서 일하고 있는 달시를 찾아간다. 두 사람은 옆자리에 앉아서 차를 마시면서 이야기를 주고받으며 좋은 아이디어를 나눈다. 마침내 둘은 힘을 합쳐 나이키의 광고를 수주하는 큰 성과를 거둔다.

tvN에서 인기리에 방송 된 드라마 〈백일의 낭군님〉을 아내와 함께 재미있게 봤다. 줄거리는 조선 시대 왕세자 이율도경수과 반정의 소용돌이 속에서 아버지를 잃은 양반의 딸 윤이서남지현의 로맨스를 다룬

팩션 사극이다. 세자는 기우제를 지내러 나갔다가 그의 장인인 좌의정의 공격을 받고 겨우 목숨만 건진다. 이후 의식을 잃고 있다가 송주현의 외딴 산골에서 이서를 키워 준 아버지에게 발견된다. 이때부터 세자는 나원득이라고 불린다. 이서 또한 아버지가 곧은 성정의 높은 관직의 무인이었던 양반가의 딸이었다. 그녀의 집안은 반정에서 제거 대상이었기 때문에 아버지가 죽은 후 송주현에 숨어 살면서 연홍심이라는 이름으로 살아간다.

〈백일의 낭군님〉은 볼 때마다 몰입도가 아주 높았다. 사극을 좋아해서 그런 것도 있지만, 드라마의 분위기가 너무나 따뜻하고 훈훈했고 배우들의 호흡도 척척 맞았다. 주연 배우 도경수와 남지현은 드라마가 끝난 후 촬영된 별책부록 방송에서 연출을 맡은 감독이나 작가, 카메라 등 많은 스텝과 배우들과의 분위기가 너무 좋아서 드라마를 찍는 내내 행복했다고 했다. 작가, 연출자, 배우, 스텝 등 드라마에 참여한 모든 사람의 호흡이 척척 맞았다. 한마디로 드림팀이었다. 시청률도 드라마의 회가 거듭될수록 높아졌다. 〈백일의 낭군님〉 팀은 방송국에서 보내 주는 여행까지 다녀왔다.

좋은 작품은 드림팀에서 나온다. 드림팀은 팀원 전부가 하나가 된 팀이다. 각자가 맡은 역할을 충실히 소화해 냈을 때 그런 팀워크가 나온다. 〈백일의 낭군님〉은 사건의 빠른 전개, 주인공 사이의 애틋함, 시청자로 하여금 안타까움을 들게 만드는 장면 장면이 매번 다음 회를 기다리게 만들었다. 이것은 드라마에 참여한 모든 사람이 기분 좋게 촬영했기 때문에 가능했다.

박항서 감독은 One Team을 지향한다. 박 감독의 선수 선발 기준 중 하나는 '사회성'이다. 그는 자기 플레이보다 팀플레이를 우선하는 선수들을 뽑았다. 감독 입장에서는 개인기보다 팀의 성과가 더 중요하다. 개인기는 뛰어나지만 돌발 행동으로 팀에는 큰 도움이 되지 못하는 선수가 있다. 이런 선수들은 박 감독의 눈에는 들지 못한다.

뛰어난 개인기를 뽐내는 선수에게는 주목받고 싶어 하는 심리가 있다. 그래서 관중을 의식한다. 그러다 보면 자연스럽게 몸에 힘이 들어간다. 그런 상태에서 슛을 하면 골로 연결되기보다는 공이 허공으로 날아가기 쉽다. 경기에서 이런 플레이를 몇 번 하면 같은 팀 선수들은 자연스럽게 힘이 빠진다. 더 좋은 기회를 만들 수 있는 횟수도 줄어든다. 사실 감독에게 이런 선수는 눈엣가시와 같은 존재다. 하지만 실력 있고 골 결정력이 뛰어나다면 감독도 쉽게 그 선수를 주전에서 빼거나 교체하기가 힘들다.

반면 팀을 위해 헌신적으로 플레이하는 선수가 있다. 베트남 대표팀에는 대부분의 선수가 이런 플레이를 펼치는데 그중에서도 판 반득 선수가 눈여겨 보였다. 2018년 연말 아세안축구연맹AFF 스즈키컵 예선전부터 준결승과 결승에 이르기까지 판 반득 선수는 오른쪽 윙 포지션을 맡았다. 그는 90분 내내 쉬지 않고 그라운드를 누볐다. 경기 시작 후 20분도 지나지 않아서 판 반득 선수의 유니폼은 땀으로 젖었다. 베트남 대표팀 유니폼은 자주색이다. 이 유니폼은 땀을 많이 흘리면 검은색으로 변한다. 유니폼 색의 변화로 선수들이 땀을 얼마나 많이 흘리는지 알 수 있다.

판 반득 선수는 후방에서 패스를 받아 쉴 새 없이 측면으로 침투했다. 베트남 대표팀 전체가 압박축구로 플레이 스타일을 바꾸면서 많은 선수들이 90분 내내 그라운드를 뛰어다닌다. 그중에서도 양측 날개에 있는 선수들은 더 많이 뛰었다. 그들은 공격을 하다가도 수비에 적극 가담한다. 또 상대 진영 전방에 있기 때문에 상대팀의 공격이 시작될 때부터 적극적으로 압박에 들어간다. 때로는 과감한 태클을 시도하며 몸을 날린다. 작은 키지만 볼의 낙하지점을 예측하여 상대팀 선수와 헤딩 경합도 한다. 그러다 보면 어느새 땀이 비처럼 흐른다.

이렇게 판 반득 선수처럼 개인의 팀을 위한 희생적인 플레이는 팀에게 공격의 기회를 잡고 원활한 수비도 할 수 있다. 감독은 이런 선수를 원한다. 말하지 않아도 알아서 팀플레이를 펼치는 선수만큼 필요한 선수가 있을까.

적재적소에서 기대 이상의 플레이를 펼치는 선수, 꼭 필요할 때 골을 넣어 주는 선수가 가장 좋지만 축구는 쉽게 골이 나지 않는 스포츠다. 공격이면 공격, 수비면 수비, 허리면 허리 등 자신이 맡은 포지션에서 자기 역할을 충분히 하면 팀은 유기적으로 돌아간다. 90분 내내 이렇게 움직일 수 있다면 팀에 활력이 유지되고 골을 넣을 수 있는 기회도 온다. 팀을 위해 최선을 다해 뛰는 선수가 많으면 다른 선수들도 그 분위기에 동화되어서 한번 해보자는 마음이 든다. 자연스럽게 팀플레이는 조직적이고 유기적으로 진행되어 게임을 지배한다. 이런 분위기가 골로 이어지면 게임에서 승리를 가져올 수 있다.

> 비슷하게 구성된 두 집단을 대상으로 실험을 했다.
>
> 첫 번째 집단에게는 이 실험이 '공동체 게임'에 대한 것이라 설명했다. 두 번째 집단에게는 '월스트리트 게임'이라고 알려줬다. 첫 번째 그룹의 70%가 초반부터 협동적인 게임을 했으며, 두 번째 집단은 70%가 비협조적이었다.
>
> - 라인하르트 K. 슈프렝어, 세계적인 경영 컨설턴트

감독이 선수들에게 협력의 중요성을 말하는 것만으로도 팀워크는 강화된다. 박항서 감독은 원 팀one team을 추구한다. 경기에 나온 베스트 일레븐이 협력해서 승리라는 하나의 목표를 위해 뛰기 원한다. 뛰어난 플레이를 펼치며 주목받는 선수보다 팀 승리를 위해 자신의 몸을 불사르는 선수를 선호한다. 국가대표팀 선발부터 One Team을 만들 수 있는 선수들을 선택했던 박 감독. 그의 선택은 옳았다.

사람의 성격이나 스타일은 잘 바뀌지 않는다. 가장 어리석은 사람은 다른 사람이 변하기를 바라는 사람이다. 박 감독은 이런 점을 잘 간파하고 있었다. 처음부터 팀에 협력적인 선수들을 선발해서 원 팀의 기초를 마련했다.

국가대표팀 선수들은 본인이 소속된 팀이 있다. 선수들은 자신의 팀을 잠시 떠나 국가를 위해 대표팀에서 뛴다. 그런 면에서 국가대표팀은 영화를 찍기 위해 모인 팀과 비슷하다. 중요한 대회가 있을 때 일정 기간 훈련하고 대회 기간 동안만 경기를 뛰기 때문이다. 국가대

표로 국제대회에 나가서 게임을 뛰는 것은 선수 개인에게 큰 영광이다. 대회에서 좋은 성적을 거둔다는 것은 성적을 넘어 그 이상의 의미가 있다. 자신의 가문을 빛내고 나아가 국위 선양까지 할 수 있다. 그래서 선수들은 다른 보상을 바라기보다는 최선을 다해 뛴다.

베트남 대표팀이 2018년 국제대회에서 승승장구하며 이룬 탁월한 성과는 One Team이었기 때문에 가능했다. 스트라이커 응우옌 콩 푸엉, 프리킥의 달인 응우옌 쾅 하이를 비롯해 판 반득, 골키퍼 당 반 럼과 다른 모든 선수들이 팀 승리를 위해 뛰었다. 박항서라는 대한민국의 경험 많은 감독의 지도 아래 20대 초반으로 구성된 베트남 대표팀 선수들은 헝그리 정신과 투지로 이전과는 완전히 다른 파이팅 넘치는 경기를 펼쳤다. 두려움보다 자신감이 가득했다. 그들은 게임을 지배했다. 기회를 놓치지 않았다. 그림 같은 골을 터트렸다.

박 감독은 베트남 대표팀뿐만 아니라 베트남 국민들까지 One Team으로 만들었다. 베트남 국민들에게 축구는 자랑이 되었다. 박 감독은 베트남 국민들의 가슴에 자부심을 심어줬다. 역사적으로 대한민국에 '한恨'을 갖고 있던 베트남 국민들의 마음도 점차 누그러지고 있다. 축구가 둥근 공 하나로 그라운드를 넘어 1억 국민을 하나로 만든 기적, 이것이 One Team의 힘이다.

“감독님이 대표팀을 이끄시는 모습을 보면서 감독의 역할이 정말 중요하다는 것을 많이 느꼈습니다. 앞으로도 항상 건강하시고요, 좋은 결과 계속 이어나가시기를 멀리서나마 응원하겠습니다.”

-설기현, 축구 감독. 2002년 월드컵 대한민국 축구 국가대표팀 선수

Chapter 4

무엇을 배워야 하는가

내가 선택한 길

최고가 되기보다 최선을 다하다

나이에 불문하는 열정

현지의 문화를 존중하다

진심으로 다가가다

대기만성

이기기 위해 싸운다

무엇을 배워야 하는가

명장으로 거듭난 박항서 감독. 그의 인생에는 영광의 순간만 있었던 것은 아니다. 좌절과 회한도 있었다. 계속 승승장구해서 실수와 실패를 하지 않은 인생에서는 별로 배울 것이 없다. 그다지 매력적이지도 않다. 오히려 바닥에서 정상을 모두 경험한 삶에서 배울 것이 있다. 어떻게 바닥으로 떨어졌을 때 그것을 극복했는지 그리고 무엇이 팀을 정상에 서게 했는지 그 비밀을 알고 싶어지기 때문이다.

박 감독은 위기의 순간 몸을 낮췄다. 겸손하게 처신했다. 체면을 세우지 않았다. 실력을 쌓았다. 코치로서 감독으로서 선수들을 따뜻하게 대했다. 자상하게 사람을 품었다. 그러면서도 가슴속에 품은 꿈을 잃어버리지 않았다. 축구를 사랑했고 축구인으로 그라운드에 있었다. 그런 박 감독에게 세상은 다시 한번 기회를 줬다.

베트남은 박 감독에게 운명처럼 다가왔다. 처음에는 환영받지 못했다. 게임을 하기 전부터 기대보다 우려가 많았다. 하지만 그는 '이기는 축구' 라는 철학을 베트남 대표팀에 심었다. 결과는 예상보다 일찍 박 감독과 베트남 대표팀에게 다가왔다. 진심으로 대하는 열정적인 감독에게 선수들은 마음을 열었다. 감독과 선수들이 하나 된 베트남 대표팀에게 거칠 것은 없었다. 2018 AFC U-23 준우승, 2018 자카르타-팔렘방 아시안게임 4강, 2018 AFF 스즈키컵 우승 그리고 2019 아시안컵 8강. 결과는 기적이었다.

박 감독은 국제대회에서 연이어 탁월한 성적을 거두었다. 하지만 자만하거나 거드름을 피우지 않는다. 승리는 순간일 뿐 다시 다음 대회를 준비한다. 축구 감독 본연의 역할을 충실할 뿐이다. 박 감독의 눈은 다음 대회를 향하고 있다.

내가 선택한 길

우리는 둘 중 하나를 선택해야 한다. 큰 꿈을 좇고 그 대가를 치르든가, 다른 사람들에게 미움받지 않고 무난하게 어울리기 위해 자신의 야망을 줄이거나 포기 하든가, 둘 중 하나다.

- 시몬 페레스, 《작은 꿈을 위한 방은 없다》에서

큰 가치를 위해 모험을 걸어본 적이 있는가? 지금까지와는 완전히 다른 삶을 위해 새로운 도전해 본 적이 있는가? 남의 등에 떠밀려서가 아니라 내면의 목소리를 따라 가본 적이 있는가?

내가 선택한 삶과 남에 의해 선택된 삶을 사는 것은 전혀 다르다. 전자는 주도적인 삶이고 후자는 수동적으로 끌려가는 삶이다. 주도적으로 선택한 삶은 즐겁고 펄떡이는 물고기처럼 살아 움직인다. 반면 남이 선택한 것에 끌려다니는 삶은 횟집 수족관에서 곧 회가 될 고기처럼 늘어져 있다. 주도적인 삶은 긴장되고 차갑다. 끌려다니는 삶은 느슨하고 미지근하다.

인간은 선택을 피할 수 없는 존재다. 어떤 선택이든 한다. 무슨 선택이든 할 자유가 있다. 주도적인 선택이든 그렇지 않은 선택이든 그 선택에 대한 책임이 따른다. '선택과 책임'을 한 묶음으로 볼 수 있는 눈이 필요하다. 그러면 잘못된 선택을 줄일 수 있다. 작은 선택은 삶에 미미한 영향을 미친다. 하지만 어떤 선택들은 삶을 좌우할 만큼 큰 영향을 미친다. 진학, 취업, 결혼, 이민 등 중요한 선택을 잘못하면 삶은 내리막으로 치닫는다. 선택에는 가끔 신중함과 과감함이 요구된다.

2017년 9월 29일, 박항서 감독은 베트남 축구 국가대표팀 감독 계약서에 사인한다. 300대 1의 엄청난 경쟁률을 뚫고 베트남 대표팀 지휘봉을 잡은 것이다. 베트남 대표팀 감독 자리는 '감독들의 무덤'이라고 불렸다. 외국인 감독의 평균 재임 기간은 불과 8개월이었다. 특히 박 감독 직전의 일본인 감독이 대표팀을 올림픽 본선에 진출시키지 못한 책임을 지고 경질되었다. 박 감독은 베트남에 오기 전까지도 불안감을 감추지 못했다. '베트남에 가서 잘할 수 있을까? 베트남은 한국과 무엇이 다르고 어떻게 극복해야 할까?' 등 감독 계약서에 사인을 하고도 걱정되었다고 한다.

오랫동안 대한민국에서 축구 선수와 축구 지도자 생활을 했던 박 감독, 그에게 베트남은 낯설고 새로운 땅이었다. 박 감독은 아내의 제안으로 베트남과 인연을 맺었다. 그의 아내는 국내에서 실업팀을 맡고 있는 남편의 모습에 새로운 곳에서 다시 시작했으면 하는 바람이 있었다. 당시 박 감독은 대한민국에서 지도자 생활이 얼마 남지 않아 보였다. 환갑이 다되 실업팀 감독이었다. 축구 감독으로서의 삶은 서서히 저물어 간다고 생각했다. 이런 상황에서 베트남에 도전하기 위해서는 용기와 결단이 필요했다.

박 감독은 베트남 티켓을 거머쥐었다. 그것이 자신의 감독 인생에서 새로운 기회가 될지 아쉬운 도전이 될지 모를 일이었다. 일단은 해봐야 하는 것이었다. 혼자는 왠지 어려울 것 같았다. 그래서 당시 K리그 대구FC 감독을 지낸 이영진 감독에게 베트남 비행기를 같이 타자고 연락했다. 이 감독은 오래 고민하지 않고 박 감독과 함께 베트남 행을 선택했다. 박항서와 이영진, 두 사람은 1980년대 중반 K리그 럭키금성에서 한솥밥을 먹었던 식구였다. K리그에서 지도자 생활을 하면서도 두 사람은 오랜 친분을 이어왔다. 이런 인연으로 두 사람은 베트남 대표팀의 감독과 수석코치로 손을 맞잡으며 동고동락하고 있다.

이영진 코치와 함께 베트남에 온 박항서 감독, 그는 '베트남 축구 선진화'라는 명확한 비전을 가지고 있었다. 한국에서 해왔던 '이기는 축구'를 지향했다. 한편 역동적인 움직임으로 재미있는 경기를 보여주기 위해 하나하나 기초를 다졌다. 베트남 전역을 돌며 실력 있는 선수들을 선발하기 위해 부지런히 움직였다. 수도인 북쪽의 하노이부터 남부의 호치민까지 지역과 학력 등 출신과 관계없이 공정하게 선수를 선발했다. 그렇게 선발된 선수들에게 이전에 가지고 있던 패배감과 무기력함을 극복하도록 정신력을 강화했다. 동시에 강한 체력을 만들기 위해 단백질 위주의 음식 섭취와 근력 운동을 시켰다.

박 감독은 외국에서 감독 생활을 하는 것의 장점이 있다고 했다. 한국 같았으면 언론 기사를 보고 상처받아 기분이 좋지 않았겠지만, 베트남에서는 그런 기사를 읽을 수 없어 신경 쓰지 않아도 되는 것이 큰 장점이라고 했다. 이런 점도 박 감독이 축구에만 집중하는 데 도움이 됐다.

2003년 박항서 감독은 자신의 축구 인생에서 가장 현명한 선택을 한다. 그것은 포항 스틸러스의 수석코치로 들어간 일이다. 포항에는 자신보다 나이가 세 살 아래인 최순호 감독이 있었다. 박 감독은 직전 해인 2002년 대한민국 국가대표팀 감독으로 아시안게임에 참가했다가 성적 부진으로 물러났다. 불과 반년도 안 되어 박 감독은 감독이냐 코치냐를 놓고 고민하는 것이 아니라, 축구를 계속하느냐 마느냐를 생각해서 거취를 선택한 것이다.

보통 사람 같았으면 이런 선택을 하기 어려웠을 것이다. 국가대표팀 감독에서 물러난 것에 대해 비통해하면서 오랜 좌절의 시간을 보내거나 심하면 축구계를 떠났을 수도 있다. 2002년은 대한민국에서 월드컵이 개최된 연도다. 대한민국 대표팀은 월드컵에서 4강 신화를 썼다. 그런데 하필 같은 해에 아시안게임이 부산에서 개최되었다. 대표팀을 떠난 히딩크 감독은 박항서 코치가 감독을 맡았다. 박 감독은 월드컵 스타들을 이끌고 아시안게임에 출전해 금메달을 당연시하던 당시 분위기에서 3위를 하며 동메달을 획득했다. 박 감독은 대표팀 감독으로 국제대회를 처음 치렀다. 협회에 맞섰다는 이야기도 있지만 석 달 만에 자국 출신 대표팀 감독을 그만두게 만든 축구협회도 비난을 피하기 어렵다.

박 감독은 축구 지도자의 길을 걷고 있었다. 그에게는 포항 스틸러스의 수석코치가 본격적인 지도자로 가는 길이었다. 박 감독은 자신에게 시련이 왔을 때 겸손하게 몸을 낮췄다. 포항에서 선수들과 격의 없이 소통하며 형님 리더십을 발휘했다. 나이 많은 코치로서 선수들과 목욕탕에 같이 가서 등을 밀 정도로 친하게 지냈다. 선수들은 고민이 있으면 최순호 감독보다 코치인 박항서를 더 자주 찾았다. 당시 박항서 코치는 최 감독을 도와 포항의 FA컵 우승을 이끌었다.

박 감독은 1989년부터 선수로 럭키금성 프로팀에서 코치로 지도자 생활을 했다. 이 팀은 현재 FC서울이다. 이후 1994년 미국 월드컵에서 김호 감독 아래서 코치와 수원 삼성 2군 코치를 지냈다. 포항에서 코치 생활을 하기 전 이미 10년 이상 코치 경험을 했다. 하지만 포항에서의 코치 경험은 박 감독에게 새로운 기회를 잡을 수 있는 계기가 되었다. 나이가 적은 감독을 잘 보좌해서 포항 우승의 숨은 공신으로 스포트라이트를 받았기 때문이다. 포항에서의 경험을 디딤돌로 박항서는 코치에서 감독으로 변신한다. 그는 바로 이듬해인 2005년에 경남FC의 초대 감독으로 부임했다.

포항에서의 수석코치를 역임하지 않았다면 박항서는 프로팀 감독이 되기 어려웠을 수도 있다. 박 감독은 경남FC 초대 감독을 시작으로 K리그의 주요 팀 감독을 두루 거친다. 전남 드래곤즈와 상주 상무를 맡아 두각을 나타낸다. 포항에서의 코치로의 선택은 다시 돌아보면 박 감독에게는 현명한 길이었다.

박 감독은 힘든 시기에 오히려 어려운 길을 선택했다. 국가대표 감독에서 내려온 후 프로팀 코치를 선택했다. 또 한국에서 실업팀 감독으로 축구 인생을 마무리할 즈음 모험이 따르는 베트남 국가대표팀 감독을 선택했다. 두 선택 모두 박 감독에게 '전화위복轉禍爲福'이 되었다.

박 감독의 가장 큰 장점은 인생의 큰 시련기에 자신을 버릴 줄 아는 점이다. 그는 체면을 세우지 않았다. '직職'을 따지지 않았다. 축구를 할 수 있다면, 내가 잘하는 축구를 현장에서 계속할 수 있다면 그런 것 따위는 중요하지 않았다. 겸손하게 자신의 위치에서 최선을 다하면 반드시 분위기나 환경은 바뀐다는 것을 박 감독의 인생을 통해 배울 수 있다. 그는 자신을 '생계형 지도자'라고 말했다. 많은 가장家長들이 공감했을 것이다. 그는 축구보다 더 잘하는 것이 없다. 축구보다 잘할 수 있는 다른 것이 있다면 그걸 했을 것이라고 한다. 박 감독이 선택한 길은 현명한 길이었고 옳은 길이었다.

최고가 되기보다 최선을 다하다

하루 비행거리 200km, 몸길이 2cm 전후, 몸의 크기에 비해 작고 가벼운 날개를 가진 곤충은 무엇일까? 바로 '호박벌'이다. 호박벌은 신체 구조상 하늘을 날 수 없다. 이런 악조건은 호박벌에게 문제가 되지 않는다. 호박벌은 하루동안 엄청난 거리를 날아다닌다. 비밀은 자신이 날 수 없다는 사실을 모르기 때문이다. 호박벌은 하루에 얼마나 날아다니는지도 모른다. '윙…' 하는 소리와 함께 하늘을 날아다니며 꿀을 모으기 위해 움직일 뿐이다. 그 과정에서 눈에 보이지 않을 정도로 빠르게 날개를 움직이며 최선을 다한다.

박항서 감독은 선수 시절 강력한 체력을 바탕으로 90분 내내 그라운드를 누볐다. 그래서 '밧데리배터리'라는 별명이 붙었다.

"박항서. 나랑 동기예요. 선수 때 같이 대표팀에 있었는데 별명이 '밧데리'였죠. 기술이 뛰어나지는 않았지만, 미더필더로 열심히 뛰어다니는 독종이었어요. 곱슬머리에 경상도 사투리를 심하게 썼어요. 아주 지긋지긋했죠."

유명 축구 해설가이자 명지대 교수 신문선은 선수 시절의 박 감독을 이렇게 기억했다.

"성실히 했고 열심히 했다. 여기저기 휘젓고 다니는 선수였다. 테크니션은 아니었고 저돌적인 스타일이었다."

FC서울 단장을 지낸 한웅수 한국프로축구 사무총장이 기억하고 있는 선수시절 박 감독의 모습이다.

선수로서 박항서는 근성이 뛰어났다. 그는 기술이 아주 뛰어난 선수는 아니었지만 투지 넘치는 플레이로 상대팀을 힘들게 했다. 현재 베트남 대표팀 선수들의 플레이와 흡사하다. 박 감독은 선수 때부터 90분 내내 쉬지 않고 상대를 압박하는 플레이를 했다. 자신이 가지고 있는 장점을 십분 발휘한 것이다. 최고가 되고자 한 것은 아니었다. 팀의 승리를 위해 열심히 뛰었다.

선수 박항서는 1985년 소속된 럭키금성이 한국 프로축구 리그에서 우승하는 데 기여했다. 이해에 포지션별로 소속팀에 관계없이 최고의 선수를 뽑는 베스트 일레븐에도 선정되었다. 다음 해인 1986년에는 팀의 주장을 맡았고 이듬해에는 준우승을 이뤄냈다. 몸을 사리지 않고 개인보다 팀을 위해 헌신적인 플레이를 펼친 결과였다. 기술이 뛰어나지 않아도 시종일관 뛰어다니며 상대편 선수를 괴롭히고, 같은 팀 선수들에게 기회를 만들어 주는 선수가 얼마나 팀에 필요한지 박 감독의 선수 시절을 보며 알 수 있다.

2002년 월드컵 예선 3차전 포르투갈과의 경기에서 가슴 트래핑에 이은 멋진 슛으로 골을 넣은 대한민국 대표팀의 박지성도 팀에 큰 공헌을 했던 선수다. 그는 월드컵이 끝난 후 히딩크 감독의 부름을 받고 네덜란드 프로 리그 PSV 아인트호벤으로 이적해, 공격형 미드필더로 경기 내내 지치지 않는 플레이로 소속 팀에는 기회를 만들고 상대 팀을 괴롭혔다. 박지성은 2005 UEFA 챔피언스리그 아인트호벤과 올림피크 리옹과의 8강전에 에시앙을 보러 온 맨체스터 유나이티드의 알렉스 퍼거슨 감독의 눈에 띄었다. 박지성은 얼마 후 퍼거슨 감독이 이끄는 꿈의 무대인 잉글랜드 프리미어리그EPL의 맨유로 이적하는 역사를 썼다.

선수로서 뿐만 아니라 감독으로서도 박항서는 최선을 다했다. 경기마다 승리하기 위해 상대 팀에 가장 주효한 전술을 세웠다. 경기 중 최적의 타이밍에 선수 교체를 하는 탁월한 용병술도 구사했다. 2018년 12월 11일, 스즈키컵 결승 1차전 말레이시아와의 원정경기에서 박 감독은 기존의 주전 선수들 대신 새로운 선수들을 기용했다. 필리핀과의 준결승에서 선수들이 워낙 많은 체력 소모를 했기 때문에 선수들의 체력 안배를 위해서였다. 스즈키컵이 홈 앤 어웨이 방식으로 진행돼 선수들은 많이 지쳐 있었다. 토너먼트에서 승리한 팀일수록 많은 경기에 참가해서 체력 고갈은 더 심했다. 박 감독이 원정에서 치러진 결승 1차전에서 주전 대신 다른 선수들을 기용한 것은 불가피한 선택이었는지도 모른다.

박 감독의 마음을 선수들이 알기라도 하는 듯 기용된 공격수들은 예상외의 선전을 펼친다. 전반 23분 후이 훙 선수가 판 반득이 올린 크로스를 슛으로 연결해 선취골을 넣었다. 선수들의 활약은 여기서 끝나지 않는다. 3분 뒤인 전반 26분에는 팜 둑 호이가 판 반득의 패스를 받아 중거리 슛으로 골을 만든다. 원정경기에서 베트남은 두 골 차로 앞서간다. 주전으로 계속 뛰었던 선수들의 체력을 안배하면서, 이전에 상대적으로 적게 뛰어 체력이 비축되어 있는 선수들을 기용한 전략이 주효했다.

박 감독은 용병술이 뛰어날 뿐만 아니라 게임을 지배하는 경기를 펼친다. 지난해 1월 2018 U-23 챔피언십 대회부터 베트남은 쓰리백 또는 포백을 주축으로 한 강력한 수비력을 바탕으로 플레이를 해오고 있다. 게임에서 지지 않기 위해서는 실점을 적게 해야 한다. 그러려면 수비 조직에서 안정되고 든든한 플레이가 뒷받침되어야 한다. 아시아컵 8강 전 일본과의 경기에서 베트남의 수비 조직을 보면 부이 티엔 중, 응옥 하이, 두 유 등 3명이 중앙 수비수를 맡았고, 공격보다는 수비 비중이 높은 윙백은 도안 반 하우와 드룽 호앙이 담당했다. 골키퍼는 러시아계로 제공권을 유리하게 가져올 수 있는 당 반 럼이 담당했다.

베트남의 이 수비라인은 상대팀 공격수를 질식시키기에 충분했다. 이런 강력한 압박 수비를 바탕으로 실점을 최소화할 수 있었다. 이것은 팀 승리의 일등공신이었다. 수비에서 든든하게 지켜 주면 공격하는 선수들은 힘을 낼 수 있다. 공격에서 좀 실수하더라도 수비수들이 잘 커버해 준다는 믿음을 갖고 플레이를 펼치면 자신감 있게 패스하고 슛을 할 수 있다. 든든한 수비력을 바탕으로 응우옌 꽝 하이는 중요한 경기마다 그림 같은 환상적인 프리킥으로 골을 만들어 베트남을 들썩이게 만들었다. 스트라이커 응우옌 콩 푸엉과 아인득, 응우옌 티엔링도 상대 문전에서 자신감 있는 플레이로 골을 만들어 팀 승리를 견인했다.

박 감독의 강력한 수비를 바탕으로 한 역습을 노리는 공격 스타일은 큰 대회에서 유감없이 빛을 발했다. 2018 자카르타-팔렘방 아시안게임에서 베트남은 통일 이후 대회 최초로 4강에 오르는 이변을 연출했다. 예선을 포함해 모두 다섯 경기를 치렀는데, 5승 1무 1패의 성적에 실점은 단 4점에 불과했다. 득점은 10점이었다. 그 1패는 대한민국과의 4강에서의 패배였다. 이 대회는 박 감독의 지도력에 확신을 심어준 대회였다. 그해 1월 AFC U-23 챔피언십에서 준우승을 차지했던 것이 우연이 아님을 증명하는 대회였다.

아시안게임 후 석 달 만에 진행된 동남아의 월드컵이라 불리는 2018 아세안축구연맹AFF 스즈키컵에서 베트남 대표팀은 2008년 우승 이후 10년 만에 우승을 차지한다. 박항서 감독의 탁월한 지도력과 선수들의 환상적인 호흡이 절묘하게 맞아떨어진 결과였다. 이때에는 상대 팀에게 베트남 대표팀의 전술이 많이 읽혔던 때라 몇몇 경기에서 고전했다. 하지만 베트남은 이를 극복하고 우승 트로피를 들어올렸다. 베트남은 이 대회에서 모두 8경기를 소화했다. 6승 2무 무패에 실점은 4점에 불과했다.

'진인사대천명盡人事待天命'이라고 했다. 사람이 자신의 할 일을 다하고 결과는 하늘에 맡긴다는 말이다. 최선을 다하는 사람한테 어울리는 문구다. 이 문장의 핵심은 '다할 진盡'자로 최선을 다한다는 의미를 가지고 있다. '盡'자는 사람의 피를 짜내는 모양의 한자다. 피와 땀을 쏟는 뜻이 담겨 있다.

'최고最高'와 '최선最善'은 전혀 다른 말이다. 어떤 것에 가치를 두고 추구하느냐에 따라 결과가 달라진다. 최고가 될지는 알 수 없다. 우승, 금메달을 목표로 한다고 꼭 달성하는 것은 아니다. 반면에 최선은 다할 수 있다. 가지고 있는 역량을 모두 쏟아부으면 된다. 쉽지 않지만 할 수 있는 모든 것을 다하기 위해 노력할 수 있다. 최선을 다하다 보면 최고가 될 수 있다. 그러기 위해서는 실력뿐만 아니라 운도 따라 줘야 한다.

하루를 돌아보면 늘 아쉬움이 남는다. 더 열심히 할 걸, 주위 사람에게 더 베풀 걸, 더 따뜻하게 대할 걸, 시간을 좀 더 알차게 쓸 걸 하는 후회가 들기도 한다. 하루를 마무리하기 전 일기를 쓰지 않을 때는 잘 느끼지 못한다. 하지만 가끔 일기를 쓰면 어김없이 이런 생각들이 머릿속에 떠오른다.

매일 최선을 다하기는 힘들다. 하지만 그렇게 살기 위해 노력한다. 왜냐하면, 내가 보내고 있는 하루는 딱 한 번뿐이기 때문이다. 물론 내일도 있고 모레도 있다. 일주일 후도 있고 한 달 후도 있다. 하지만 지금 이 순간은 딱 한 번뿐이다.

박항서 감독처럼 한 국가의 대표팀을 맡아 지도하는 사람의 스케줄은 바쁠 것이다. 아니 상상을 초월할 것이다. 그는 지금 이 시간도 최선을 다해 베트남 대표팀을 이끌고 있다.

'일기일회一期一會', 법정 스님이 강조한 말이다. 이것은 그의 책 제목이기도 하다. 일의 종류와 자리에 관계없이 이 세상 누구에게나 시간은 소중하다. 지금 마주하는 순간순간을 엄숙하고 진지하게 대해야 함을 새삼 깨닫게 된다. 박 감독의 행보를 보며 최선을 다하는 삶을 살기 위해 마음을 다잡게 된다.

나이에 불문하는 열정

1920년생 중에 여전히 현역으로 활발하게 활동하는 사람이 있다. 그는 98세의 나이로 두 권을 책을 출간했고 160회 이상 강연을 다녔다. 이분은 김형석 전 연세대 명예교수다. 그는 98세의 1년 동안 제일 건강하게 일을 많이 하면서 인생에서 가장 보람 있게 보냈다는 소회를 밝혔다. '더 늙지는 않아야겠다, 늙는 것은 이걸로 끝내자'며 100세를 맞은 소감을 말했다. 그는 아들, 딸, 사위 등 자녀들을 만나면 자신이 밥값을 낸다. 자녀들은 은퇴했지만 자신은 여전히 책 쓰고 강연해서 수입이 짭짤하기 때문이다.

김형석 교수는《백년을 살아보니》라는 책을 썼다. 이 책은 2016년 그의 100세에 맞춰 출간되었다. 100년을 살기도 쉽지 않을 뿐더러 100살이 되어서 인생을 정리한 책을 쓸 수 있다는 사실 자체가 놀랍다. 그는 이른 시간에 아침을 먹는다. 쉰 살이 넘어서는 꾸준히 수영을 하고 있고 하루에 50분 정도는 꾸준히 걷는다. 또 '일'이 건강 유지에 큰 역할을 했다고 믿고 있다. 꾸준히 읽고 쓰고 강연하는 것이 그의 건강을 지켜준 셈이다. 그는 언제 어디서나 온화한 미소로 보는 사람을 편하게 만든다. 100년을 살아오면서 깨달은 인생의 지혜와 성숙된 인격이 얼굴에 드러난다.

"도전에 나이는 중요하지 않습니다. 꼭 젊은 사람들만 도전하라는 법이 있습니까?"

박항서 감독이 2018 아세안축구연맹AFF 스즈키컵에서 우승 후 강호동과 배성재가 진행하는 SBS 〈가로채널〉에 출연해 마지막에 했던 말이다.

박 감독은 환갑을 바라보는 나이에 결단을 내렸다. 조국 대한민국을 떠나 낯선 베트남에서 인생 2막을 선택했다. 당시 박 감독은 창원시청을 지도하면서 탁월한 용병술로 팀의 내셔널리그 우승을 달성했다. 전국체전에서는 팀을 결승에 진출시켜 놓고 베트남 국가 대표팀 감독 면접을 봤다. 치열한 경쟁을 뚫고 베트남 대표팀 감독이 되었지만 성공한다는 보장은 없었다.

하나하나 만들어 가야 하는 것이었다. 지금은 아주 잘한 선택이라고 이야기할 수 있지만, 2017년 9월 당시에는 베트남 행이 잘한 것인지 알 수 없는 상황이었다.

나이가 들면 젊을 때보다 과감하게 도전하기가 쉽지 않다. 박 감독 역시 마찬가지였다. 그는 베트남의 문을 두드릴 즈음, 한국에서 실업팀 감독을 맡고 있었고 한 가정을 책임지고 있는 가장이었다. 새로운 도전이었지만 모험이 분명했다. 하지만 그는 과감하게 새로운 길에 도전했다. DJ엔터테인먼트 이동준 대표에게 동남아에 일자리가 있는지 알아봐달라고 먼저 전화를 걸었다. 베트남축구협회에서 베트남 대표팀 감독 면접을 볼 때도 자신이 선수 시절 작은 키로 뛰었던 경험이 있기 때문에 베트남 선수들을 잘 지도할 수 있다며 적극적으로 어필했다. 박 감독은 베트남 대표팀의 지휘봉을 잡는 데 성공했다.

박 감독은 오래전부터 외국진출을 꿈꾸어 왔다. 그러던 차에 베트남 대표팀과 인연이 되었다. 축구 지도자로서의 삶이 대한민국의 실업팀에서 끝날 수도 있는 상황이었다. 하지만 신은 박항서 감독에게 기회를 줬다.

당시 베트남 대표팀 감독 선정의 비하인드 스토리가 있다. 사실 베트남축구협회는 박 감독을 최우선으로 고려하지 않았다. 일본의 23세 대표팀을 맡았던 세키즈카 다카시나 유럽 출신 감독이 더 유력했다. 하지만 협회는 박 감독과의 협상을 하루 만에 끝내고 그를 선택했다.

박 감독의 베트남 진출에 숨은 조력자가 있다. 그는 누구보다 박 감독의 축구에 대한 뜨거운 열정을 알고 있었던 아내 최상아 씨다. 최씨는 지난 1981년 박 감독과 결혼해서 조용하면서도 든든한 내조를 하고 있다. 남편의 나이가 많았지만 베트남 진출을 적극 권했다. 박 감독이 베트남 행을 결정한 배경에는 아내의 영향도 컸다.

베트남과 대한민국은 한자 문화권이라는 공통점을 가지고 있다. 또 분단의 아픔을 겪은 공통점도 갖고 있다. 성실하고 순수하며 자존심이 강하고 애국심이 충만한 국민성도 비슷하다. 박 감독이 미국이나 유럽이 아니라, 동남아시아 그중에서도 베트남으로 간 것은 다행이다. 언어가 통하지 않지만 문화적으로 비슷한 것은 그만큼 적응하는

데 유리하기 때문이다. 이런 환경도 박 감독이 축구인생을 통해 쌓아 온 모든 역량을 베트남에 쏟아붓는데 긍정적으로 작용했다. 그의 열정이 빛날 수 있는 최적의 땅이 베트남이었던 것이다.

박 감독은 현재 60대 초반이다. 그와 함께하는 베트남 선수들은 20대 중반이 대부분이다. 그런 젊은 선수들을 이끌어나가기 위해서는 뜨거운 열정은 필수다. 박 감독은 선수들보다 더 뜨거우면 뜨거웠지 차갑지 않다. 사람은 자신이 가지고 있는 것을 남에게 줄 수 있다. 지식이 있는 사람이 지식을 줄 수 있고, 부를 가진 사람이 부를 줄 수 있다. 마찬가지로 열정을 가진 사람이 열정을 전해 줄 수 있다.

박 감독은 선수 시절부터 승부욕이 강했다. 1994년 대한민국 대표팀을 이끌고 미국월드컵에서 감독을 맡은 김호 감독은 박항서 감독의 선수 시절을 잘 알고 있는 인물이다. 박 감독은 미국월드컵에서 김 감독과 함께 대표팀 트레이너로 일했다. 김 감독은 박 감독이 선수 시절 투쟁심이 높고 지치지 않는 플레이로 팀에 공헌하는 희생적인 역할을 했던 선수라고 기억했다.

선수 때부터 높았던 승부욕은 감독이 되어서도 여전했다. 축구는 스포츠다. 스포츠는 승리가 목표다. 대한민국에서 프로팀 감독을 맡았던 박 감독에게는 감독의 자세에 대해 알려준 사람이 있었다. 그는 2002 월드컵에서 대한민국을 세계 4강에 올려놓은 거스 히딩크 감독이다. 2002 월드컵에서 박 감독은 히딩크 감독과 함께 코치로 대한민국 대표팀을 이끌었다. 앞으로의 지도자 생활에 지침이 될 만한 조언을 구하던 박항서 코치에게 히딩크 감독은 딱 한마디를 했다.

"이겨라! 무조건 이기는 축구를 하라. 경기에서 이겨야 선수가 감독을 따른다."

히딩크 감독의 조언을 가슴속에 간직한 박항서 코치는 2005년부터 본격적으로 프로팀 감독 생활을 시작한다. 경남FC 초대 감독, 전남 드래곤즈 감독, 군인으로 구성된 상주 상무 감독에 이르기까지 그는 항상 이기는 축구를 지향했다. 그는 유난히 승리를 원하고 팀이 승리하도록 선수들을 지도했다. 그가 감독으로 있었던 팀들의 성적은 대부분 좋았다. FA컵 우승도 하고 팀이 속한 리그에서 우승하기도 했다. 리그에서 하위권을 기록한 적도 있었지만 대부분 좋은 성적을 거둬 상위에 랭크되었다.

프로팀에서 한 단계 내려와 실업팀을 맡았을 때도 그의 승부를 향한 뜨거운 열정은 뜨거웠다. 그의 열정은 맡은 팀을 리그 우승으로 전국체전 우승으로 이끌었다. 그러면서도 선수 한 명 한 명을 잘 보듬었다. 용기를 주고 격려하며 인격적으로 대했다. 선수들이 개인보다 팀의 승리를 위해 뛰어 주기를 원했다. 동시에 맡은 포지션에서 더 강하고 실력 있는 선수가 되라며 격려했다.

대한민국을 떠나 베트남에 와서도 그의 승리에 대한 열정은 식지 않았다. 베트남 대표팀 감독으로 부임하면서 입을 연 첫 마디는 "그동안 축구를 하며 쌓은 모든 것을 베트남 축구 발전에 쏟아붓겠다." 였다. 뜨거운 열정을 충분히 느낄 수 있는 말이었다. 열정은 뜨거웠지만 큰 욕심은 내지 않았다. 한 게임 한 게임 이기기 위해 최선을 다했다.

베트남 대표팀을 맡아서 승리하기 위해 무엇이 부족한지 고심에 고심을 거듭했다. 가장 우선적으로 체력을 보강해야 한다는 것을 알았다. 기존 식사에 육류를 보태 단백질 섭취를 강화해 후반 체력이 떨어지는 것을 보완했다. 동시에 힘은 근육에서 나온다는 원리에 따라 상체 근력운동을 강화했다. 감독인 자신이 훈련에 참가해 선수들과 함께 호흡을 맞추며 잘 따라오게 했다. 부임 당시 밝혔던 베트남 축구 발전을 진정성 있게 실천했다.

베트남 대표팀은 2017년 12월 박 감독 부임 두 달여 만에 태국을 상대로 10년 만에 승리한다. 이 경기를 시작으로 베트남은 승리가 얼마나 소중한지 알게 된다. 이후 2018 U-23 대회와 아시안게임 그리고 스즈키컵에서도 승승장구한다. 강력한 압박 수비를 바탕으로 경기 내내 투지와 자신감 넘치는 플레이로 승리를 쟁취하는 플레이를 펼친다. 간혹 결과에서 패하더라도 그라운드 안에서는 끝까지 최선을 다한다. 베트남 국민들은 이렇게 잘 싸운 선수와 코칭스태프에게 뜨거운 응원을 보냈다.

> 세상을 살 때 가장 중요한 것은 목숨을 거는 거다. 네가 하고자 하는 일에 너를 바쳐라.
>
> -최배달, 대한민국 출신 '극진 가라테' 창시자

일의 성패는 그 일을 하는 사람의 의지와 열정에 달려 있다. 뜨거운 것이 차가운 것을 이긴다. 뜨거운 가슴이 사람의 마음을 움직인다. 열정은 사람을 전염시킨다. 열정에 제대로 전염되면 쉽게 식지 않는다. 열정은 에너지다. 힘이다. 일의 성패를 좌우하는 열쇠다.

지금 어떤 일이 제대로 진행되지 않는다면, 눈에 보이는 때로 보이지 않는 장애물 때문에 문제가 생겼다면 스스로의 마음을 살펴보라. 그리고 이 질문을 던져라. '과연 나는 뜨거운가?' 환경적인 조건은 일의 성패를 결정하는 핵심이 아니다. 마음의 온도, 심장의 온도, 정신의 온도가 포인트다. 강철을 녹이는 용광로 같은 열정을 가져라. 그러면 눈앞의 문제는 곧 해결될 것이다.

현지의 문화를 존중하다

베트남은 대한민국과 같은 한자漢字 문화권이다. 한자 문화권의 나라들은 유교를 숭상하고 예의를 중요시한다. 이런 면에서 박 감독이 베트남에서 지도자 생활을 시작한 것은 다행스럽다. 베트남이 아닌 다른 곳에서 감독 생활을 했다면, 현재처럼 좋은 결과를 만들어 낼 수 있었을까? 알 수 없는 일이다. 그나마 공통점이 있는 나라에서 축구 지도자 생활을 한 것이 장점으로 작용한 것은 분명하다. 그렇더라도 조국이 아니 타국에서 감독 생활이 쉽지는 않았을 것이다. 박 감독은 베트남 문화를 어떻게 이해하고 대표팀의 실력을 높였을까?

박항서 감독은 베트남의 관습을 존중하며 대표팀 선수들을 훈련시켰다. 베트남 사람들은 쌀국수를 즐겨 먹는다. 남녀노소를 가리지 않고 많은 사람이 쌀국수를 먹는다. 쌀국수는 일반 국수와 달리 밀이 아닌 쌀을 사용한다. 쌀로 만들어서 근기가 있을 것 같지만 생각보다 그렇지는 않다. 박 감독은 선수들이 쌀국수로 아침을 먹고 운동장에서 축구하는 것이 잘 이해되지 않았다.

그래서 박 감독은 선수들의 식단에 변화를 줘야겠다고 생각했다.

체력은 먹는 것에서부터 나온다. 선수들이 기존에 먹고 있던 쌀국수에 고기와 우유를 함께 먹어서 체력을 강화했다. 근력을 강화시키려면 단백질은 먹어야 한다. 쉽게 섭취할 수 있는 단백질은 육류, 즉 고기다. 돼지, 닭, 소 등은 어느 나라나 편하게 구매해서 먹을 수 있다. 베트남도 큰 차이는 없다. 더군다나 국가대표팀에게는 철저한 영양관리를 위해 최고 수준의 식재료가 공급된다.

한번은 박 감독이 대표팀의 식단에서 쌀국수를 빼고 고기와 우유만 먹으라고 했다는 기사와 소문이 퍼지면서 곤란을 겪은 적이 있다. 박 감독은 오해가 있었다며, 기존에 먹던 쌀국수는 그대로 잘 먹으면서 고기와 우유 같은 단백질을 강화해 줄 수 있는 음식을 추가로 먹게했다고 설명했다. 이 장면을 보면서 한 나라를 대표하는 대표팀을 맡고 있는 감독으로서의 고충에 대해 생각해보게 되었다. 언론과의 접촉을 잘해 나가는 것도 대표팀 감독의 책무 가운데 하나라는 생각이 들었다.

이런 에피소드도 있었지만 베트남 대표팀 선수들은 감독의 권유로 단백질 성분이 많은 음식을 섭취했다. 이것은 체력 향상으로 이어졌고 베트남 선수들은 이전보다 훨씬 파이팅 넘치는 플레이를 펼칠 수 있었다. 베트남 선수들은 과거 후반 25분, 즉 경기가 시작된 지 70분 정도 되는 시점에 급격하게 발이 무뎌졌다. 이는 체력 저하에서 나오는 결과였다. 식단 변화에 따른 음식을 먹은 선수들의 체력은 이전보다 훨씬 좋아졌다. 자연스럽게 마의 시간이었던 70분 이후에도 체력에 큰 부담을 갖지 않고 뛸 수 있었다. 베트남 대표팀이 2018년에 이어 지금까지 좋은 성적을 꾸준히 유지할 수 있었던 밑바탕에는 여러 가지가 있지만, 단백질 강화라는 식단 변화 역시 중요한 요인 중 하나이다.

베트남의 학교는 점심시간이 두 시간이나 된다고 한다. 베트남 사람들은 여유 있게 점심을 먹고 나서 잠을 청한다. 직장인, 학생 할 것 없이 식사 후 한숨 잔다. 베트남에서 유학하는 한국 학생은 점심시간에 베트남의 어느 회사의 사무실에 가보니 모든 사람이 담요를 덮고 자고 있어서 놀란 적이 있다고 한다. 점심시간의 단잠은 이른 시간에 하루를 시작하게 하고, 오후 시간을 활기차기 보내게 만드는 베트남 사람들의 노하우다.

베트남은 평균 위도가 북위 16도 정도인 열대지방으로 매우 덥다. 또 남북으로 1,600km에 달할 정도로 길게 뻗어 있다. 이런 더운 날씨 때문에 외부 활동이 쉽지 않다. 그래서 일찍 하루를 시작해서 일이나 공부의 효율성을 높인다. 베트남의 이런 지리적인 특성상 낮잠 문화는 당연한 것인지도 모른다. 낮에는 너무 더워 일이나 공부를 해봐야 능률이 오르지 않기 때문에 그 시간에는 편안하게 자서 피로를 풀고 더운 낮을 피해서 보다 생동감 있게 움직이는 것이 더 낫기 때문이다.

박 감독은 이런 베트남 현지의 수면 문화를 감안해서 선수들의 훈련 스케줄을 조정했다. 이른 아침에 연습을 시작한 것이다. 박 감독도 베트남축구연맹에 딸린 사택에 살면서 사택 앞 잔디 구장을 애완견과 산책하며 기초 체력을 다진다. 산책하며 운동장에 나와 훈련하는 선수들과 가벼운 인사를 나누면서 안부도 묻고 긴장도 푼다. 산책을 마치고 나면 본격적으로 대표팀 선수들과 훈련을 한다.

박 감독은 한국에서 파워 프로그램을 도입해 베트남 선수들에게 적용했다. 박 감독과 함께 대표팀을 이끌고 있는 이영진 수석코치는 "모든 훈련 시간은 1시간 30분을 넘기지 않았고, 투 터치 이상을 허용하지 않았습니다. 처음부터 강도 높은 프로그램으로 시작해서 서서히 수위를 낮추는 방법으로 진행했어요."라며 철저한 시간 준수와 규칙으로 훈련했다. 또 "그로 인해 베트남 23세 이하 선수들은 K리그 선수들 못지않은 기술을 선보이고 있습니다."라며 훈련의 효과가 좋았다고 설명했다.

박 감독은 한국인이고 한국에서 오랫동안 지도자 생활을 했다. 그래서 한국에서 하던 방식으로 베트남 선수들을 지도하고 따라오게 만들 수도 있었다. 하지만 박 감독은 열대라는 현지의 기후를 감안하고 베트남 사람 특유의 수면 문화도 존중하면서 훈련했다. 선수들은 큰 어려움 없이 훈련받을 수 있었다. 그 결과 경기력이 향상되었고 출전하는 대회마다 좋은 성적을 거두었다.

베트남 대표팀은 2018년 1월 중국에서 개최되었던 아시아축구연맹AFC U-23 대회에서 준우승을 차지한다. 대표팀을 이끌었던 박 감독은 일약 베트남 영웅으로 떠올랐다. 또 2018 아시안게임에서 베트남 대표팀이 4강에 오르자 박 감독은 팬들에게 더 큰 사랑을 받았다. 박 감독은 베트남 사람들이 가장 좋아하고 한편으로 만나고 싶은 사람이 되었다.

한번은 박 감독이 새벽 일찍 베트남 공항에 모습을 드러냈다. 상대

팀 전력 분석을 목표로 외국 경기에 참석하기 위해 출국하려던 참이었다. 새벽에 공항에 나타난 박 감독을 알아본 베트남 청년이 함께 사진을 찍자고 요청했다. 박 감독은 마다하지 않고 웃으면서 함께 사진을 찍었다. 이번에는 탑승 수속을 담당하고 있던 항공사 여직원이 박 감독에게 같이 사진을 찍자고 요청했다. 역시 박 감독은 미소를 지으며 흔쾌히 사진을 찍었다. 항공사 직원은 박 감독은 베트남 국민들이 가장 좋아하고 존경하는 분이라며 하얀 이를 드러내며 밝게 웃었다. 박 감독은 아이를 좋아한다. 베트남에서 열린 여러 행사에 참석해서 자신과 함께 사진을 찍자며 다가오는 팬들의 요청에는 거의 다 응한다. 다만 시간이 없어 그 요청을 모두 들어줄 수 없을 뿐이다. 그 중에서 아이와 함께 사진을 찍자는 팬들에게는 아이를 안고서 사진을 찍는 정겨운 모습도 선물한다. 박 감독의 인간적이고 진솔한 모습을 잘 볼 수 있는 장면이다.

이런 박 감독의 모습 또한 베트남 현지의 분위기를 존중하는 것이다. 다가오는 팬들을 따뜻하게 정감 있게 대하는 박 감독의 모습은 우호적인 여론을 조성하고 대표팀에 긍정적으로 작용하고 있다.

'로마에 가면 로마법을 따라라.'

베트남에는 베트남만의 문화가 있다. 한국에는 한국만의 관습이 있다. 축구 대표팀 선수들도 그 나라 사람이다. 그 나라의 DNA를 몸속에 간직하고 있다. 문화는 변화의 대상이 아니라 인정과 존중의 대상이다.

베트남 국민은 쌀국수를 즐긴다. 쌀국수는 베트남의 국민 음식이다. 이것을 먹지 말라는 것은 베트남에 대한 도전이다. 박 감독이 식단 조절을 하면서 오해가 생긴 부분도 이런 면 때문인 것 같다. 박 감독이 베트남 문화를 인정한 것이 베트남 축구의 비약적인 발전을 가져온 또 다른 요인이라고 생각한다. 그뿐만 아니라 현지 기후에 맞게 적절한 시간대에 훈련한 것 역시 현지 문화를 존중하는 것이었다. 그로 인해 대표팀은 좋은 결과를 거두었다. 사람이든 조직이든 국가든 그 자체로 인정하고 존중할 때 마음이 열리고 친해진다. 잘 소통하게 된다.

경험이나 기술이 중요하다. 축구는 실력으로 승부가 결정 나는 경기이기 때문이다. 경험과 기술이 눈으로 보이는 것이라면, 신뢰는 보이지 않지만 진짜 승부를 결정짓는 것이다. 박 감독은 베트남의 문화를 존중했다. 또 베트남 선수들을 신뢰하고 따뜻하게 대했다. 이런 보이지 않는 신뢰로 뭉쳐진 베트남 대표팀은 훈련을 계속 할수록 이전과는 다른 팀으로 변해갔다. 사기가 충만하고 강한 체력과 기술을 겸비한 팀이 되었다. 감독과 선수들은 상대가 아무리 강해도 거기에 맞는 전술과 훈련으로 준비했다. 그들은 게임의 결과와 관계없이 관중들에게 박수와 응원을 받는 경기를 펼쳤다. 이것의 바탕에는 박 감독의 베트남 문화에 대한 존중이 있었다.

진심으로 다가가다

사람 사이에는 무엇이 중요할까? 사람들은 이해득실利害得失을 따지고 다가가면 좋아하지 않는다. 그보다는 순수한 관심을 가지고 다가오는 사람을 좋아한다. 자신에게 무엇을 바라는 사람보다 자신에게 무엇인가를 베풀어 주는 사람을 좋아한다. 이것은 동서고금東西古今의 진리다.

어떤 의도를 가지고 접근하는 사람은 어떻게든 드러난다. 그런 사람은 왠지 느낌이 좋지 않다. 불편해지고 가까이 해서는 안 될 것 같은 마음이 든다. 반면에 아무것도 원하지 않고 자신에게 순수하게 관심을 표현하고 부담 없이 다가오는 사람이 있다. 대게 그런 사람은 사람 자체에 관심이 있고 다른 사람이 무엇이 필요하고 어떤 걸 원하는지 생각한다. 이들은 밝은 얼굴로 인사하고 자신이 맡은 일을 열심히 한다. 마음에 들지 않는 부분이 있더라도 긍정적으로 생각하며 책임을 다하기 위해 노력한다. 무엇보다 이런 사람은 사심私心이 없다. 사람 자체를 좋아하고 함께 잘 지내기를 바랄뿐이다.

박항서 감독은 2017년 10월 한국을 떠나 베트남행 비행기에 오르면서 결연한 마음을 가졌다. 베트남 대표팀 감독으로서 그동안 자신이 쌓은 모든 것을 베트남 축구 발전을 위해 사용하겠다며 의지를 다졌다. 박 감독은 당시 대구FC 감독에서 물러나 있던 이영진 감독을 베트남 대표팀에 합류시켰다. 보통 외국인 감독이 다른 나라의 국가대표팀 감독을 맡을 때 자신과 손발이 맞는 코치를 데리고 온다. 당시 박항서 감독은 창원시청 감독을 맡고 있었고 이영진 감독은 휴식 중이었다.

두 사람은 K리그 프로팀이었던 럭키금성에서 같이 선수로 뛰며 호흡을 맞춘 경험이 있다. K리그에서는 각자 다른 팀의 감독을 맡았다. 그런데 박 감독이 베트남 대표팀 감독으로 확정된 상황에서, 자신과 손발을 맞추어 오던 코치가 아닌 프로팀 감독 출신의 이영진 감독에게 베트남행을 권한 것은 이례적이다. 이 감독은 이런 베트남 대표팀으로의 권유에 박 감독을 자신이 좋아하고 실력 있는 선배라며 선뜻 베트남행을 선택한다. 그는 베트남 대표팀 수석코치직을 맡는다. 이 코치와 더불어 배명호 코치도 피지컬 트레이너로 박 감독과 함께 베트남 대표팀에 합류한다.

박 감독은 오랫동안 외국 진출을 꿈꿔왔다. 자신이 외국에 진출한다면 무엇을 어떻게 할 것인지 구상했을 것이다. 무엇보다 어떤 사람들과 함께할 것인지 생각했을 것이다. 베트남 대표팀 사령탑을 맡으면서 자신과 함께 베트남 대표팀을 체질적으로 바꿔서 완전히 새로운 팀으로 만들기 위해, 이영진 코치와 배명호 피지컬 트레이너라는 능력 있는 인재들과 함께 베트남으로 왔다. 또한, 선수 부상에 효과적으로 대처하기 위해 2018 자카르타-팔렘방 아시안게임을 2주 정도 앞두고, 2002 월드컵 당시 대한민국 대표팀의 의무팀장이었던 최주영 트레이너의 지원을 받아 선수들의 컨디션을 점검했다. 박 감독은 베트남 대표팀 감독으로서 드림팀과 같은 코칭스태프를 구성했다.

베트남 대표팀 감독으로 부임한 박 감독은 선수들과 가까워지기 위해 노력했다. 그는 국내에서 감독을 맡았을 때도 선수와 격의 없이 친해지기 위해 다양한 방법을 시도했다. 선수들의 생일을 축하하고 챙겼는데 생일을 맞은 선수에게 책의 면지에 감사와 격려의 글을 써서 선물했다.

박 감독은 베트남 대표팀의 훈련 때 선수들과 함께 그라운드를 뛰면서 몸을 부딪치면서 게임을 하듯 연습했다. 감독이 직접 훈련이 참가했기 때문에 어떤 선수가 훈련을 잘 소화하고 어떤 선수가 그렇지 못한지 파악할 수 있었다. 동시에 선수들의 몸 상태도 점검할 수 있었다. 이런 방식의 훈련은 감독과 선수 간의 교감도 나누는 기회도 되었다. 박 감독은 베트남 대표팀 선수들과 말이 통하지 않아서 스킨십을 시도했다. 곁에서 지켜본 이영진 수석코치는 만약 대한민국 선수들처럼 말이 잘 통했더라면 그만큼 스킨십을 잘하기는 어려웠을 것이라고 한다.

또 박 감독은 대표팀 선수가 경기 도중 교체되어 나오면 수고했다며 목을 손으로 감싸고 등도 두드려 준다. 박 감독 부임 후 대표팀 선수들은 90분 내내 경기를 쉬지 않고 뛰어다녔다. 베트남 대표팀 선수들의 평균 나이가 20대 중반임을 감안하더라도 새롭게 바뀐 경기

스타일은 젊은 선수들도 소화하기 쉽지 않았다. 경기가 시작된 후 20~30분 정도 지나면 유니폼이 땀으로 젖는 선수도 보였다. 이렇게 대부분의 선수들이 엄청나게 체력을 쓰면서 경기를 하다 보니, 교체되어 나오는 선수들은 땀을 비 오듯 흘리고 유니폼은 거의 젖어 있었다. 박 감독은 그런 모습들이 대견하기도 하고 한편으로 안쓰럽기도 해서 수고했다는 의미로 그런 스킨십을 했을 것이다.

미국 콜로라도대학교 볼더캠퍼스 파벨 골드스타인 교수는 "연인 두 사람이 신체 접촉을 하고 있을 경우 공감도가 높을수록 진통 효과가 높고, 심장 박동 등의 동기화 수준도 더 높아진다."라고 밝혔다. 최근 연구에 따르면 감성적인 영화를 함께 보거나 노래를 함께 부를 때, 심장 박동과 호흡 리듬이 똑같아지는 것으로 밝혀졌다. 또 지도자와 추종자의 관계가 좋으면 그들의 뇌파는 비슷한 패턴으로 바뀐다고 한다.

사람이 만날 때 그냥 말만 주고받은 경우와 악수나 포옹 같은 스킨십을 한 경우, 어떤 것을 더 친하게 느낄까? 사람은 말로써 감정을 주고받고 공감하거나 화를 내기도 한다. 그런데 스킨십을 나누면 친해지는 속도가 빠르다. 말만 나눈 것보다 스킨십을 나눈 사람을 더 친하게 느낀다. 사업가나 영업인, 종교인 등 많은 사람을 만나는 이들은 적극적으로 악수하면서 스킨십을 나눈다.

박 감독은 비행기에서 자신의 자리를 부상 선수에게 양보해서 미담이 된 적이 있다. 2018년 12월 7일 베트남 대표팀은 아세안축구연맹AFF 스즈키컵 결승 1차전을 치르기 위해 말레이시아로 가는 비행기에 탑승했다. 박 감독은 이륙 후 1시간 정도 지났을 때, 필리핀과의 준결승 1차전에서 부상당한 도 홍 중 선수에게 부상 때문에 편안한 자리에 앉혀야 했는데 잊어버려서 미안하다며 자리를 바꿨다. 자신의 비즈니스석을 부상 선수에게 양보했다.

박 감독은 배려가 습관화되어 있다. 이렇게 비행기에서도 부상당한 선수에게 자리를 양보할 정도니 평소에는 어떻겠는가. 이런 감독을 선수들이 잘 따르지 않을 수 없을 것이다. 선수들의 부상을 걱정하는 것은 감독의 자연스러운 마음이다. 하지만 박 감독 자신도 피곤한 상황에서 선뜻 자리를 양보하는 것은 쉬운 일이 아니다. 모든 감독이 이렇지는 않을 것이다. 평소 타인에 대한 배려가 몸에 배어 있을 때 나올 수 있는 행동이다.

박 감독의 이런 배려 때문이었는지 베트남 대표팀은 스즈키컵 결승 1차전 말레이시아와의 원정 경기에서 2-2로 비긴다. 말레이시아의 수도 쿨라룸푸르에는 말레이시아 홈 관중 8만여 명이 발 디딜 틈 없이 들어섰다. 이런 분위기에서도 베트남은 전반전에만 두 골을 넣었다. 후반에 말레이시아에게 두 골을 허용하기는 했지만 말레이시아 팬들의 일방적인 응원 속에 치러진 경기임을 감안하면 잘 싸운 것이다. 결승 2차전은 베트남 하노이 홈에서 벌어졌다. 베트남은 말레이시아에 1-0으로 승리하면서 1, 2차전 합계 3-2로 10년 만에 AFF 스즈키컵 우승 트로피를 들어올렸다.

"세상에서 가장 어려운 일이 뭔지 아니?"

"흠…. 글쎄요, 돈 버는 일? 밥 먹는 일?"

"세상에서 가장 어려운 일은 사람이 사람의 마음을 얻는 일이란다."

- 생텍쥐페리, 《어린왕자》에서

사람의 마음을 얻기란 쉽지 않다. 특히 외국인의 마음은 더 얻기 어려울 것이다. 말도 안 통하고 문화도 달라 그 어려움은 더하면 더했지 덜하지는 않을 것이다. 외국 출신의 감독이 그 나라 대표팀을 맡으면 이런 것이 어렵다.

다행히 박 감독은 단기간에 베트남 대표팀 선수들과 호흡을 잘 맞췄다. 그는 우리가 알고 있는 카리스마적인 리더십과는 다른 리더십을 발휘한다. 진심眞心을 가지고 자상하게 선수들에게 다가간다. 사람 자체에 대한 따뜻한 관심과 존중과 배려가 습관이 되어있다. 그는 외국인 감독이지만 이른 시간에 자존심 강한 베트남 대표팀 선수들의 마음을 사로잡았다. 감독이 선수들을 믿었듯이 선수들 또한 감독을 믿었다.

자신들의 축구 실력을 더 향상시키기 위해 마음을 담아 소통하고 열정을 불사르는 감독과 코칭스태프를 보며 선수들은 기량을 120% 발휘했다. 이것이 단기간에 베트남 대표팀이 일취월장日就月將한 비결 중 하나이다. 감독이 선수를 믿고 선수가 감독을 믿는 팀, 그 팀이 바로 베트남 대표팀이다. 2018년 그리고 얼마 전 끝난 아시안컵까지 기적이라 불리는 결과를 만들어 낸 원동력은 바로 이 믿음이다.

감독과 선수들의 신뢰가 굳건한 베트남 축구 대표팀은 앞으로의 행보가 더 기대된다. 지금까지는 주로 아시아나 동남아시아 규모의 국제대회에 출전했지만, 올해에는 축구를 대표하는 게임인 월드컵 예선과 올림픽 본선 카드가 주어지는 아시아축구연맹AFC U-23 챔피언십 예선이 펼쳐지기 때문이다. 베트남 축구는 이제 진정한 세계적인 대회에 출전할 수 있을지 검증받는 심판대에 오른다. 2019년 베트남 축구가 더 주목되는 이유다.

대기만성

조선 후기 정조 때의 실학자 이덕무1741~1793는 사람들에게 '간서치'라 불렸다. '간서치看書癡'란 책에 미친 바보라는 뜻이다. 이덕무는 서자 출신으로 어린 시절을 가난하게 보내며 성장했는데 오직 독서를 천명으로 여겼다. 그는 책을 살 수 없어서 굶으면서도 수만 권의 책을 읽고 수백 권의 책을 베껴 썼다. 이덕무는 역사와 지리에서 초목과 곤충 그리고 물고기에 이르기까지 지적 편력이 방대하고 다양해서 고증과 박학의 대가로 인정받았다.

이덕무는 39세 때인 1779년에 정조에 의해 규장각의 초대 검서관으로 등용된다. 그는 규장각에서《국조보감》,《대전통편》,《무예도보통지》등의 서적을 편찬하고 교감하는 데 참여했다. 시문詩文에 능해 규장각 경시대회에서 여러 번 장원에 올라 1781년에는 내각검서관으로 승진하였다. 그는 젊었을 때부터 학문적 재능이 뛰어났고 시문에 능했던 것에 비해 서자 출신이라는 제약 때문에 늦은 나이에 벼슬길에 올랐다. 다행스럽게 그의 뛰어난 능력을 알아보고 신분과 관계없이 인재를 등용한 국왕 정조가 있었기에 이덕무는 빛을 볼 수 있었다.

조선 시대는 신분 사회였다. 개인이 아무리 능력이 뛰어나도 양반이 아니면 관직에 오르기 어려웠다. 하지만 지금은 다르다. 신분제가 무너졌고 누구나 실력을 바탕으로 도전하여 기회를 잡을 수 있는 시대가 되었다. 하지만 경쟁이 치열해졌다. 많은 사람이 도전하지만 성공하기는 힘들다. 그럼에도 불구하고 어떤 이들은 주위의 부러움을 살 만한 걸출한 업적을 만든다. 젊을 때부터 성공가도를 달리는 것이 아니라 나이가 들어 사람들이 예상하지 못한 특별한 결과를 만들어낸 사람들의 스토리는 감동적이다.

박항서 감독도 대한민국에서 빛을 발하지 못하다가 타국 땅 베트남에서 뒤늦게 전성기를 맞고 있다. 베트남으로 떠날 때 박 감독은 거의 예순이 다 되어 가는 나이였다. 현역에서 떠날 날만 기다리는 상황이었다. 하지만 그는 도전했고 노력해서 성공했다. 박 감독에게는 대기만성大器晩成이라는 사자성어가 딱 어울린다.

박 감독의 인생을 되짚어보면 지금처럼 감독으로 대성할 것이라고는 생각하기 어려웠다. 그는 경남 산청 시골에서 태어나 축구 명문 경신고등학교로 진학 후 한양대에서도 계속 공을 찬다. 그는 U-20 청소년 국가대표와 국가대표 2진에서 선수로 뛰었다. 한국 프로 리그의 럭키금성 축구팀에서 1980년대 중반부터 후반까지 프로선수로 활동한다. 포지션은 미드필더였다.

이후 친정팀인 럭키금성 코치로 지도자 생활을 시작했다. 1994년 미국 월드컵 코치와 수원 삼성에서 코치를 지냈다. 그는 대한민국에서 지도자 생활 중 가장 빛났던 2000년부터 2002년까지 한일월드컵에서 대한민국 대표팀의 수석코치로 히딩크 감독을 보좌했다. 당시 형님 리더십으로 대한민국 대표팀의 월드컵 4강 신화에 기여했다. 하지만 몇 달 뒤 바로 축구 지도자로서 큰 위기에 봉착한다. 히딩크 감독이 떠난 대표팀을 맡아 2002 아시안게임에 감독으로 참가해 동메달 획득에 그쳐서 감독직을 떠났기 때문이다. 그가 감독을 맡기에는 이른 시기가 아니었나 하는 생각이 든다. 이후 포항 스틸러스의 수석코치로 들어가서 나이가 세 살 적은 최순호 감독과 2004년까지 호흡을 맞추며 좋은 성적을 거둔다.

박 감독은 2005년부터 창원을 연고로 하는 경남FC의 초대 감독으로 부임해 2007년까지 일한다. 포항 스틸러스 수석코치로 팀의 성적에 숨은 조력자로 인정받아서 프로팀 감독이 될 수 있었다. 2007시즌에는 팀을 리그 4위까지 올려 놓는 놀라운 지도력을 발휘한다. 하지만 구단과의 갈등으로 팀을 떠난다. 2008년부터 2010년까지 팀을 옮겨 전남 드래곤즈 감독을 맡았다. 전남에서는 리그컵 준우승, FA컵과 K리그에서 팀을 상위에 랭크 시킨다. 이후 군인들로 이루어진 상주 상무 감독을 2012년부터 2015년까지 맡는다. 주전 선수들이 짧은 시기에 많이 바뀌는 상황 속에서도 팀을 두 번이나 2부 리그에서 우승시키며 1부 리그에 올려놓는 지도력을 발휘한다.

상무를 끝으로 프로팀 감독 생활을 마감한 박 감독은 2017년부터는 K리그 3부 리그인 내셔널리그 소속의 실업팀 창원시청 감독을 맡아서 지도자 생활을 이어나간다. 창원시청 축구팀을 리그 우승으로 이끈다. 그의 장기인 약팀을 강팀으로 만드는 저력을 보인다. 그는

2005년부터 시작해서 햇수로 10년 이상 감독 생활을 하고 있었다. 나이는 어느덧 예순을 앞둔 노장 감독이 되어 있었다. 축구인으로서 생명은 여기까지인가 하는 생각도 들었다.

박 감독은 오래전부터 외국 진출을 꿈꿔 왔다. 그런데 마침 기회가 왔다. 그의 아내인 최상아 여사가 동남아 쪽에 정통한 매니지먼트를 알아봤다. 아내는 박 감독의 외국 진출을 적극 지지했다. 박 감독은 DJ매니지먼트 이동준 대표에게 동남아의 감독 자리를 알아봐 달라고 요청했다. 이 대표는 베트남 대표팀 감독 자리에 아시아 출신 감독을 원한다는 정보를 접했다. 그의 머릿속에는 박 감독이 바로 떠올랐다. 약팀을 강팀으로 만드는데 탁월한 능력이 있다는 걸 알고 있었기 때문이다.

박 감독은 베트남축구협회에 감독 면접을 본다. 면접에서 베트남 축구 선진화를 위해 자신의 축구 경험을 모두 녹여 내겠다는 비장한 각오를 밝힌다. 이와 함께 작은 체구로 축구를 했던 경험이 베트남 선수들의 실력 향상에 실제로 도움이 된다는 이야기로 공감을 이끌어 냈다. 베트남축구협회는 일본과 유럽 출신 감독으로 선택하려던 기존 계획을 바꿔 박 감독을 선택했다.

> 큰 그릇은 늦게 이루어진다大器晩成.
>
> -《노자 老子》

동양 고전인《노자老子》41장에 나오는 말이다. 여기서 '만성晩成'

의 원래 뜻은 아직 이루어지지 않았다는 말로, 거의 이루어질 수 없다는 뜻이 강하다. 그런데 이 말이 나중에 '늦게 이룬다'는 뜻으로 쓰이게 됐다. 그것은 다음의 일화 때문이다.

중국의 한漢나라가 멸망하고 위, 촉, 오의 삼국시대 때 위나라에는 명성이 자자한 최염 장군이 있었다. 그의 사촌 동생 최림은 외모도 특별나지 않고 나이가 들어서도 출세하지 못해 주위로부터 멸시를 당하고 있었다. 하지만 사촌 형 최염만은 최림의 재능을 높이 여겼다.

"큰 종이나 큰 솥은 그렇게 쉽사리 만들어지는 것이 아니다. 그와 마찬가지로 큰 인물도 성공하기까지는 오랜 시간이 걸리는 법이다. 내가 보기에 너도 그처럼 대기만성大器晩成형이다. 좌절하지 말고 열심히 노력해라. 그러면 틀림없이 네가 큰 인물이 될 것이다."

훗날 최림은 사촌 형의 말처럼 천자를 보좌하는 삼공三公에 이르렀다.

대기만성은 원래 '거의 이루어질 수 없다'는 뜻이었다. 그만큼 나이가 들어 무엇인가를 이루기는 쉽지 않다. 하지만 사촌 형의 믿음과 격려로 뒤늦게나마 나라의 재상이 된 삼국시대 최림의 일화처럼, '큰 그릇이 만들어지는 데는 오랜 시간이 걸린다'로 해석이 바뀌었다. 최림은 사촌 형의 격려도 있었지만, 오랜 시간 뼈를 깎는 노력을 했을 것이다. 다른 사람은 자신을 몰라 줘도 스스로의 가능성을 알고 있었기 때문에 노력을 멈추지 않았을 것이다. 눈에 보이지 않는 피나는 노력으로 누구나 인정하는 높은 자리에까지 올랐다.

인생은 나중에 어떻게 될지 알 수 없다. 현재 잘 나가는 사람이 나중에는 추락할 수도 있다. 지금은 좌절하고 절망하는 사람이 훗날 상승 가도를 달릴 수도 있다. 현재 갑인 사람이 나중에 을이 될 수 있다. 또 그 반대가 될 수도 있다. 절망적인 상황에서도 용기를 잃지 않는 것이 필요하다. 그런 상황에서도 희망을 잃지 않아야 한다.

박 감독의 인생을 보면 한 편의 드라마 같다. 물론 그는 40대 중반에 대한민국 대표팀의 코치를 맡아 월드컵에서 신화를 이룬 인물이다. 하지만 이후 지도자로서 우여곡절을 많이 겪었다. 그는 그런 현실에 굴하지 않았다. 항상 더 나은 기회를 찾아 도전했다. 그는 축구에 대한 열정이 누구보다 뜨거웠다. 프로팀이든 실업팀이든 자신보다 나이가 많은 감독이 있든 상관하지 않았다.

베트남 대표팀 감독으로 해외로 떠날 때도 어떤 결과를 손에 쥘지 알 수 없었다. 설렘도 있었지만 두려움도 컸다. 예상외로 베트남에서 단기간에 좋은 성과를 거두었다. 그는 축구 인생에서 축적된 노하우 전부를 베트남 대표팀에 쏟아 부었다. 운도 따랐다. 하지만 2018년부터 올해 2월 끝난 아시안컵까지의 놀라운 결과는 약팀을 오랫동안 지도하면서 쌓인 그의 노하우가 베트남에서 빛을 본 것이다.

현대 경영학의 아버지라 불리는 피터 드러커는 그의 책《단절의 시대》에서 '45세에도 다시 시작할 수 있어야 한다'고 했다. 나이를 먹으면 젊었을 때보다 도전하기가 망설여진다. 체력도 예전 같지 않고 지금 가지고 있는 것도 눈에 밟힌다. 그럼에도 용기를 내어 새로운 기회에 도전하는 것은 가치 있는 일이다. 성공과 실패는 알 수 없다. 전부를 걸어서 도전해 봐야 안다. 성공보다 실패하는 자가 더 많지만,

노력하기에 따라 성공할 가능성도 있다. 운이 좋으면 큰 성공의 기쁨도 맛볼 수 있다. 단 그러기 위해서는 닻을 끊고 배를 바다에 띄워 노를 저어 힘차게 앞으로 나아가야 한다.

이기기 위해 싸운다

2018년 상영된 영화 〈안시성〉은 고구려와 당나라의 전쟁을 다룬 영화다. 동북아 제국이었던 고구려는 중국으로부터 한반도를 보호해 왔다. 중국의 위진남북조 시대를 통일한 수나라는 대외 팽창 정책을 펼쳤다. 수나라는 돌궐과 진陳나라를 멸망시키고 동북아의 패권자인 고구려를 공격해 왔다. 수나라 문제文帝는 598년 30만 대군을 이끌고 고구려를 수륙양면으로 공격했다. 하지만 수나라는 고구려의 강한 반격과 질병 때문에 되돌아갔다. 이후 수나라 양제煬帝는 612년 육군 113만, 해군 4만의 대규모 병력을 이끌고 고구려를 공격했다. 하지만 청천강 유역 살수薩水에서 고구려의 을지문덕에게 전멸되다시피 했다. 바로 살수대첩이다. 수나라는 고구려와의 무리한 전쟁으로 618년 사실상 역사의 뒤안길로 사라졌다.

당나라는 수나라 다음으로 중국을 지배했다. 당나라도 대외 팽창 정책을 펼치며 고구려를 공격했다. 당 태종은 644년 백성들의 반대를 무릅쓰고 고구려를 침략했다. 당나라는 645년 고구려의 개모성을 시작으로 비사성, 요동성에 이어 백암성까지 줄줄이 점령했다. 그다음 목표가 바로 안시성이었다. 고구려는 15만 대군을 안시성으로 보낸다. 안타깝게도 고구려 장수들이 당나라를 얕잡아봐 크게 패해서 3만 7,000명 정도만 목숨을 부지하고 항복한다. 고구려는 안시성을 지키려고 갔던 지원군이 크게 패했고, 남쪽에서는 신라의 공격을 받고 있었으며, 당 견제를 위해 북아시아의 새로운 강자로 떠오른 설연타와의 외교도 잘 풀리지 않았다. 불행하게도 안시성은 고립무원의 상태에 빠졌다.

20만 명 대 5,000명, 당나라 군사와 고구려 안시성 군사의 숫자다. 당 태종 이세민은 평양성으로 가는 길목의 안시성을 반드시 함락시키려 했다. 당은 위력적인 공성 무기로 안시성에 무차별적인 공격을 퍼부었다. 하지만 성주 양만춘을 중심으로 똘똘 뭉친 안시성 군사들은 번번이 공격을 막아냈다.

안시성 공략이 쉽지 않자, 당나라는 50만 명의 엄청난 인력을 동원해 두 달 동안 안시성보다 더 높은 토산土山을 쌓아 고구려를 공격하기로 한다. 토산이 완성되자 안시성 쪽으로 무너졌고 이를 틈타 안시성 군사들이 토산을 점령해 버렸다. 이를 본 당 태종과 당나라군은 황당해했다. 당나라는 토산을 빼앗기 위해 토산을 올랐다.

시간이 지날수록 화살까지 바닥나며 군사적인 열세에 부딪힌 안시성 군사들의 패배가 확실해 보였다. 이때 양만춘은 지금까지 누구도 당긴 사람이 없다는 동명성왕 고주몽의 활을 당겨 당나라 태종을 향해 쐈다. 시위를 떠난 화살은 하늘 높이 치솟다가 당 태종의 한쪽 눈에 꽂혔다. 때마침 도착한 대규모의 고구려 지원군이 안시성 주위를 감쌌다. 할 수 없이 당은 88일간의 안시성 포위를 풀고 돌아갔다.

절대적인 숫자의 열세를 극복하고 안시성 군사들은 당나라의 공격을 막아냈다. 사실상 승리였다. 무엇이 이런 결과를 가져왔을까? 안시성 성주 양만춘 장군과 군사들 그리고 주민들은 승리를 갈망했다. 자신들의 소중한 생명과 가족, 재산을 지키기 위해 목숨을 걸었다. 양만춘의 진심이 담긴 리더십뿐만 아니라 장수와 군사, 목수가 희생했다. 목숨을 버렸다. 그것이 성을 지켜냈던 원동력이다.

박항서 감독의 축구 철학은 '게임에서 승리하는 것'이다. 박 감독은 2002년 한일월드컵에서 대한민국 대표팀을 지휘한 히딩크 감독 밑에서 수석코치로 일했다. 그는 월드컵이 끝나고 떠나는 히딩크에게 앞으로 지도자 생활을 할 계획인 자신에게 조언을 부탁했다. 그때 히딩크는 어떤 경기든 지지 말라고 했다. 게임에서 패하면 선수들의 사기가 떨어지고, 패배가 계속되면 선수들의 신뢰를 잃어버리게 된다는 것이었다. 또 구단과 팬들의 신뢰까지 잃어버리게 된다.

박 감독은 2006시즌 경남FC의 초대 감독으로 본격적인 감독 생활을 시작한다. 그는 지휘봉을 잡는 동안 늘 '승리하는 축구'를 추구했다. 박 감독은 선수들을 통해 상대 팀에 패하더라도 맥없이 지는 것이 아니라 끝까지 싸우게 만들었다. 투지 넘치는 플레이를 펼쳤다. 경남FC부터 전남 드래곤즈, 상주 상무, 창원시청에 이르기까지 감독으로서 이기는 축구를 지향했다. 그가 맡은 팀들은 강팀이 아니었다. 대부분 약팀이었다. 이동준 DJ매니지먼트 대표는 박 감독의 감독시절 승률이 무려 61%에 달했다고 했다. 이 대표는 이것이 박 감독은 베트남 대표팀 감독으로 추천한 결정적인 이유라고 밝혔다.

박 감독은 베트남 대표팀을 맡으면서도 '이기는 축구'를 지향했다. 베트남 대표팀은 2016년 12월 7일 아세안축구연맹AFF 스즈키컵 준결승에서 패한 이후, 국가대표팀 간의 경기에서 오랫동안 무패를 기록했다. 2019년 1월 아시안컵을 앞두고 벌어진 북한, 필리핀과의 연이은 평가전에서도 비기며 18게임 무패 행진을 이어갔다. 이것은 당시 최다 경기 A매치 무패 기록이었다. 이 기록은 지난 1월 8일 아랍에미리트UAE 에서 벌어진 아시안컵 예선 1차전 이라크와의 경기에서 패할 때까지 계속되었다.

베트남 대표팀은 박 감독 부임 이후 치러진 A매치에서 아시안컵 예선에서 만난 이라크에게 패하기 전까지 계속 승리했다. 2017년 10월부터 2019년 1월까지의 1년 3개월 동안 베트남 대표팀은 패배를 모르는 팀이었다. 특히 지난해 12월 치러진 2018 아세안축구연맹AFF 스즈키컵에서는 5승 1무, 무패로 우승했다. 한 게임만 비기고 나머지 경기는 모두 승리한 것이다. 2018년 1월 준우승했던 아시아축구연맹AFC U-23 챔피언십 대회는 나이 때문에 A매치에 포함되지 않는다. 이 대회가 A매치로 인정되었다면 베트남 대표팀의 승률은 훨씬 높았을 것이다. 물론 결승전에서 우즈베키스탄에 패해 무패 행진은 중간에 잠시 멈추었을 것이다.

박 감독의 베트남 대표팀은 패배를 모르는 팀이 되었다. 승리를 맛본 선수들은 승리하는 법을 알았다. 한 게임, 두 게임 승리할 때는 이것이 우리의 실력인지 상대 팀이 약해서 운이 좋아 이겼는지 확신이 들지 않는다. 하지만 다섯 게임, 열 게임 이상 계속 승리하면 그것은 실력이 좋아서이고 습관이 된다. 선수들은 경기에서 이기는 법을 터득했다. 그들은 실제 경기에서 승리를 만들어 냈다. 지고 있는 경기라도 끈질기게 따라붙어 패하지 않도록 동점골까지는 넣었다. 끈질김, 집요함, 골 결정력, 역동적이고 활력 넘치는 플레이, 베트남 축구는 이제 이전과는 확실히 다른 플레이를 하고 있다. 이것은 박항서 감독의 '이기는 게임을 한다'는 축구 철학이 있었기에 가능했다.

> 실제로 모든 올림픽 선수들, 모든 위대한 지도자들, 끔찍한 사고나 죽음의 질병에서 살아남은 많은 생존자들은 거의 전부가 희망적이고 낙관적인 태도를 지닌 사람들입니다.
>
> 그들은 자신들의 삶의 목표를 생각하고 거기에 집중합니다. 그들은 승리를 생각합니다. 장애물이 있으면 그것을 뛰어넘는 자신의 모습을 상상합니다.
>
> -팻 맥리건, 《바보들은 항상 결심만 한다》 중에서

스포츠에서 감독이 원하는 것은 승리다. 승리가 얼마나 절실한지가 승부를 결정한다. 박 감독은 국내 프로축구 감독을 하면서도 이기는 축구를 했다. 맡은 팀마다 좋은 성적을 거두었다. 이런 이기는 습관이 베트남 대표팀을 맡으면서도 그대로 유지됐다. 베트남 대표팀 부임 초 언론의 차가운 시선을 잘 이겨내고 빠른 시간 내에 팀을 정비하여 승리하는 팀으로 만들었다. 이것은 베트남 선수들이 박 감독과 코

칭스태프를 믿고 따라 줬기 때문에 가능했다. 승리를 맛본 선수들은 오랫동안 패배를 잊어버렸다.

대한민국 출신 노老 감독이 진정으로 다가가 마음을 열고 자상하게 팀을 리드하고 한국 축구의 선진 기술을 적용하자, 베트남 대표팀은 이전과는 완전히 다른 축구를 구사하는 팀으로 변했다. 90분 내내 지칠 줄 모르는 강력한 체력, 상대팀의 공격수의 호흡까지 압박하는 질식 수비, 수비에서 허리를 거치며 전개되는 세밀하고 정확한 패스, 상대의 간담을 서늘하게 하는 배후 침투에 이은 강력한 슛. 박 감독 부임 이후 베트남 축구는 플레이 자체에 생동감이 넘친다. 보는 사람을 팬으로 만든다.

베트남 대표팀의 플레이는 이제 베트남 국민만 응원하는 것이 아니다. 비행기로 네 시간 거리에 있는 대한민국에서도 많은 팬이 응원하고 있다. 대표팀 감독이 박항서 감독이기도 하거니와 플레이가 박진감 넘치고 보는 사람으로 하여금 빨려들게 만들기 때문이다. 2017년 12월 스즈키컵 결승전은 이례적으로 SBS가 시청률이 보장된 주말 저녁 드라마 편성을 급하게 취소하고 중계했다. 이 경기는 20% 정도의 높은 시청률을 기록하며 베트남 축구에 대한 대한민국 국민의 관심을 보여 줬다.

승리는 이기는 것만을 의미하지 않는다. 잘 지는 것 또한 승리하는 것이다. 1994년 미국월드컵에서 대한민국 대표팀에서 박 감독은 코치로 김호 감독과 함께 했다. 김 감독은 박 감독에게 '이기는 것만큼 잘 지는 것이 중요하다'고 강조했다. 잘 져야 잘 이길 수 있다는 것이다.

좋은 패배는 훗날 탄탄한 승리의 밑거름이 된다. 왜 졌는지, 무엇을 어떻게 바꿔야 이길 수 있는지 배울 수 있기 때문이다. 실패에서 배우지 못하면 실패가 반복된다. 다행히 박 감독은 자신의 부족한 점을 조금씩 개선해 왔다. 그것이 승리하는 팀을 만드는 데 결정적이었다. 계속 이기기만 한 사람은 승리의 진정한 맛을 모른다. 하지만 박 감독은 잘 지는 법을 배워서 어떻게 승리해야 하는지 승리가 얼마나 소중한지 알고 있다.

"항상 자랑스럽고, 2002년도에 감독님과 함께했던 그 시간들이 엊그제 같은데 벌써 이렇게 시간이 많이 흘렀네요. 감독님이 해왔던 그 길을 저희들도 은퇴해서 가고 있는데 감독님처럼 활약할 수 있게끔 잘 준비하겠습니다. 항상 파이팅입니다, 응원하겠습니다."

-유상철, 축구 감독. 2002년 월드컵 대한민국 축구 국가대표팀 선수

Chapter 5

Next, 박항서 매직

박항서 효과
도쿄올림픽과 카타르월드컵
박항서 감독의 행보
베트남 축구의 선진화
가까워진 대한민국과 베트남
베트남에 부는 스포츠 한류
미래 동반자, Korea & Vietnam

Next,
박항서 매직

박항서 감독이 몰고 온 베트남 축구의 기적. 이것을 '박항서 매직park hang-seo magic'이라 부른다. 박 감독의 베트남 축구 국가대표팀은 2018년부터 출전한 각종 국제대회에서 우수한 성적을 거둔다. 누구도 예상치 못한 결과였다. 패배감에 젖어있던 선수들에게 자신감과 승리에 대한 열망을 심어주고, 한국식 파워프로그램을 이식했다. 박 감독은 선수들에게 진심으로 다가갔다. 선수가 아닌 아들처럼 대했다. 선수들은 타국에서 온 노감독에게 마음을 열었다. 베트남 대표팀은 하나가 되었다.

박항서 매직은 '현재 진행형'이다. 이제는 베트남 대표팀의 미래를 바라볼 때다. 2018년이 베트남 대표팀이 동남아시아와 아시아의 신흥 축구 강자로 부상했다면, 2019년부터는 올림픽과 월드컵이라는 세계 무대를 준비해야 한다. 2020년에는 도쿄올림픽이, 2022년에는 카타르월드컵이 열린다. 올해 3월부터는 도쿄올림픽의 출전권이 달린 2019 U-23 챔피언십 대회 예선이 시작되고, 11월에는 카타르월드컵 최종 예선이 시작된다. 2019년 베트남 축구는 세계 무대를 밟기 위해 본격적인 담금질을 시작한다.

박 감독의 선전으로 베트남과 대한민국 사이의 관계가 어느 때보다 가까워지고 있다. 축구를 넘어 경제, 문화, 정치 부분의 교류와 협력이 활발해지고 있다. 베트남 전쟁으로 남아 있던 앙금도 점점 완화되어 가고 있다. 현재 대한민국은 베트남에 가장 많은 투자를 하고 있는 국가다. 베트남은 중국을 대체해 세계 경제의 심장으로 역동적으로 성장하고 있다. 박항서 매직이라는 끈으로 양국이 진정한 미래 동반자로 협력해 나가길 바란다.

박항서 효과

박 감독이 베트남 대표팀을 맡아서 이렇게 선전할 줄은 누구도 예상치 못했다. 그것은 축구를 넘어 베트남에서의 대한민국에 대한 인식 개선과 베트남에 진출한 한국 기업들의 성장으로 이어졌다. 그뿐만 아니라 양국 사이에 경제, 문화, 관광 등 많은 분야에서 활발한 교류를 촉진했다.

한국일보는 베트남 국민들을 대상으로 한국에 대한 선호도와 관련된 설문조사를 했다. 조사는 박 감독이 베트남에서 축구 열풍을 불러오기 전인 2017년 12월과 아시안컵이 진행된 2019년 1월에 성인 남녀 천 명을 대상으로 진행했다. 2017년 12월 조사에서 '한국 문화에 동질감을 느낀다'는 비율은 61%였다. 올해 1월 조사에서는 '박 감독 때문에 한국과 한국인에 대한 인식이 좋아졌다'는 질문에 73.8%가 '그렇다'는 취지로 응답해 한국에 대한 인식이 이전보다 크게 높아졌다. 특히 주목할 부분은 베트남 사회를 주도하는 40대의 인식이 48%에서 71%로 크게 상승한 것이다. 이전에는 베트남에서 드라마, 가요 등의 한류가 젊은 층에서 큰 인기를 끌었다. 그런데 '박항서 매직'은 구매력이 높고 여론을 주도하는 베트남의 40대에게 큰 영향을 미쳤다.

한편 2018년 양국 간의 인적 교류도 늘어났다. 2018년 한 해 동안 348만 명의 한국인이 베트남을 방문했다. 이것은 2017년 대비 44%나 증가한 것으로 여기에는 교민과 주재원까지 포함되어 있다.

박 감독은 2018년 1년 동안 베트남 축구를 완전히 바꿔 놓았다. 현재 베트남 대표팀의 주축인 콩 푸엉, 꽝 하이, 쯔엉 등의 선수들은 오래전부터 베트남이 국가 차원에서 유소년 축구에 투자한 열매다. 선수들도 잘 싸웠지만, 매의 눈으로 가능성 있는 선수들을 발굴하고 훈련시켜 환상적인 팀워크를 만든 박 감독과 코칭스태프의 공도 크다.

이런 베트남 대표팀의 선전으로 한국에 대한 인식이 좋아지고 있다. 위 설문조사에서도 나타났듯이 1년 만에 한국에 대한 선호도는 큰 폭으로 좋아졌다. 특히 어느 나라나 경제와 사회 트렌드의 중심축을 이루고 있는 40대에서 큰 폭의 인식 개선은 주목할 만하다. 향후 베트남 내 한국 기업의 높은 성장이 기대된다. 또한, 조사에서처럼 1년 사이 폭발적으로 늘어난 한국인의 베트남 방문 역시 긍정적인 현상이다. 현재도 많은 한국인이 1순위의 여행지로 꼽는 다낭을 비롯해 베트남의 여러 관광지에 많은 한국인이 찾아갈 것이다.

식품, 유통, 금융, 제조 등 다양한 업종의 한국 기업들이 진출해 베트남 현지에 있다. 박항서 효과는 베트남에 진출한 한국 기업의 이미지 개선과 매출 상승으로 이어졌다. 동아제약에서 생산하는 자양강장제 '박카스'는 '박항서' 감독과 발음이 비슷해 베트남에서 큰 수혜를 입었다. 박카스는 2018년 5월 박 감독을 모델로 출시된 후 4개월 만에 280만 개, 매출 10억 원어치가 팔렸다. 이는 동아제약이 베트남에 진출한 지 10년 만에 낸 최대 성과다. 이에 더해 박카스 제조회사인 동아제약의 지주회사 동아쏘시오홀딩스의 주가는 13%나 급등했다. 그리고 대한민국 대표적인 편의점인 GS25는 베트남에 진출해 한국 컵밥, 떡볶이, 맥주, 음료, 과자 등의 판매가 38%나 증가했다.

한편 신한은행은 박 감독과 쯔엉 선수를 베트남 현지 법인의 홍보대사로 내세워 신바람을 일으켰다. 이 은행은 2018년 3월부터 박 감독을 홍보대사로 기용해 공항과 은행 지점 등에 노출했다. 신한베트남은행의 고객 수는 이전에 100만 명에서 120만 명으로 크게 늘었다. 카드 고객도 19만 명에서 21만 명으로 10% 이상 증가했다. 인터넷뱅킹 이용자 수 역시 12만 4,000명에서 18만 명으로 급증했다. 또 2018년 당기순이익이 전년 동기보다 57.9%나 증가했다.

또한, 베트남에 생산 법인을 둔 삼성그룹의 연인원은 현지 인력을 16만 명 넘게 고용하고 있다. 삼성그룹은 휴대폰을 제조하는 삼성전자의 세계 최대 공장을 비롯해 OLED, LCD 등의 브라운관을 만드는 삼성SDI, 삼성전기 등이 진출해 있다. 삼성전자의 65인치 TV는 베트남에서 '박항서 TV'로 불리는데 이 제품은 2018년 매출이 지난해보다 두 배 이상 증가했다. 또 LG전자, LG디스플레이, LG이노텍 등의 계열사를 둔 LG그룹과 에너지 · 화학 기업인 SK이노베이션, 글로벌 자동차 제조회사인 현대자동차도 진출해 있다. 그리고 롯데마트, 효성 등의 기업들도 베트남에서 박항서 효과를 톡톡히 보고 있다.

이렇게 박항서 매직의 여파는 엄청나다. 기업은 이슈에 민감하다.

어떤 인물이 뜨고 지는지 간파하고 있다. 발 빠른 한국 기업들은 누구보다 베트남에서 박 감독이 긍정적인 영향력을 크게 미칠 것이라고 예상했다. 한국기업들은 은행, 식품, 전자 등 업종을 가리지 않고 서둘러 박 감독을 모델로 기용했다. 이들 기업의 매출은 예상을 초월해 큰 폭으로 성장했다.

박 감독은 계속해서 베트남 대표팀을 맡을 것이다. 2018년 12월 중순 스즈키컵의 우승 후 언론과 주변에서 '박수를 보낼때 떠나라'는 말이 많았다. 하지만 박 감독은 베트남과의 계약이 아직 남아 있다며 계속 베트남 대표팀을 맡을 것을 분명히 했다. 박 감독의 계약 연장은 현재 이야기하기 조심스럽다. 박 감독과 베트남 대표팀은 서로 계약 연장을 원한다는 이야기가 전해진다. 2020년 도쿄올림픽과 2022년 카타르월드컵을 박 감독 지휘 아래 진행하자는 여론도 높다.

박 감독이 베트남 대표팀을 맡는 동안 한국 기업들은 계속해서 박항서 효과의 수혜를 받을 것이다. 박 감독이 선전하고 있는 지금이 베트남에 진출해 있는 대한민국 기업들에게는 베트남 진출 후 최고의 기회다. 기업들은 이때를 놓치지 말고 베트남 소비자를 사로잡기 위해 더 좋은 품질의 제품을 공급하고 더 나은 서비스를 제공해야 한다.

한편 대한민국 정부는 '신남방 정책'을 추진하고 있다. 중국과 미국으로 편중되어 있는 수출 지역을 다변화하자는 것이 취지다. 그 대상은 베트남을 비롯한 동남아시아, 즉 아세안 국가들이다. 동남아시아에는 베트남뿐만 아니라 인도네시아를 비롯해 말레이시아, 태국, 필리핀, 미얀마, 캄보디아, 라오스 등의 국가가 있다. 이들은 젊고 많은 인구를 보유하고 있다. 자원도 풍부하다. 한국 기업들은 모국의 신남방 정책을 통해 베트남을 필두로 동남아시아에서의 이미지 상승과 매출 증대를 위해 한층 더 활발하게 움직일 것이다.

> 유전자가 복제되어 자손에게 전달되듯이 관습, 예의, 예술, 패션, 언어, 노래, 의식과 같은 문화의 전달 단위인 밈meme 도 복제되어 한 사람의 뇌에서 다른 사람의 뇌 속으로 바이러스처럼 퍼진다.
>
> -리처드 도킨스, 《이기적 유전자》 중에서

박항서 효과는 축구에서 시작해 경제, 정치, 관광 등으로 확산되고 있다. 베트남에 진출해 있던 한국 기업들은 박항서 감독이 맡은 베트남 대표팀의 선전으로 매출이 증가하고 있다. 한국의 대형 마트를 즐겨 찾는 베트남 국민들도 한국 제품은 디자인이 뛰어나고 품질이 좋다며 자주 구매하고 있다.

박 감독이 10년 만에 2018 아세안축구연맹AFF 스즈키컵에서 베트남 대표팀을 우승시킨 영향은 양국의 정치 분야의 협력으로까지 확대됐다. 지난 1월 18일에는 대한민국과 베트남 국회의원들이 하노이의 항더이 경기장에서 처음으로 친선 축구를 했다. 결과는 사이좋게 세 골씩을 넣으며 비겼다. 이날 양국 국회의원들은 간담회를 갖고 의원 친선 축구대회의 정례화를 적극 추진하기로 했다.

한편 최근 대한민국 정부는 하노이, 호치민, 다낭 등 대도시에 거주하는 베트남 국민이 한국을 방문할 때 5년 복수 비자를 발급하기로 결정했다. 한 번 비자를 발급받으면 5년간 추가 심사 없이 언제라도 한국을 왕래할 수 있다. 기존에 한국 정부는 동남아 11개국의 전문직이나 고학력자들에게 10년의 단기 비자를 발급해 왔는데, 베트남에는 추가 혜택이 주어진 것이다.

2002년 한일월드컵에서 대한민국을 4강으로 이끈 히딩크 감독과 2018년 베트남 대표팀에 기적을 만든 박항서 감독이 비교되고 있다. 베트남에서의 박항서 감독의 영향력은 2002년의 히딩크 감독을 훨씬 능가한다. 박 감독은 축구 감독이지만 외교관도 하지 못하는 일들을 하고 있다. 박 감독은 진정한 외교관이다. 그로 인해 양국은 축구를 넘어 정치, 경제, 사회, 문화의 전 분야로 교류가 확대되고 있기 때문이다. 대한민국과 베트남의 우호 증진에 누구보다도 기여하고 있는 것이다.

김도현 주 베트남대한민국 대사도 "저는 보조입니다. 주 베트남대한민국대사는 박항서 감독님입니다." 라고 말할 정도로 박 감독의 민간 외교관으로서의 역할을 높이 평가했다. 한 나라의 대사에게 인정받고 있는 사람이 박항서 감독이다. 그로 인해 경제적으로 가까웠던 양국 관계가 다른 분야의 협력으로까지 발전하고 있다.

박 감독이 처음 베트남에 왔을 때 이런 장면을 상상이나 했을까? 박 감독은 그저 자신이 맡은 일에 최선을 다했다. 그런데 누구도 예상하지 못할 정도로 큰일을 하고 있다. 베트남에서 박 감독은 '영웅'이 되었고 '스승'으로 불린다. '박항세오'를 모르는 베트남 사람이 없다.

그는 베트남 국민들에게 자부심을 심어 줬다.

한자 문화권, 하노이와 서울, 부산과 호치민, 분단의 경험, 2차 대전 후 독립, 부지런한 국민성, 스승을 존경하는 문화, 대한민국과 베트남은 비슷한 점이 많다. 이런 보이지 않는 요인이 박 감독이 베트남에서 승승장구하는데 도움이 되지는 않았을까. 박항서 매직은 현재 진행형이다.

도쿄올림픽과 카타르월드컵

'아시아 축구의 변방', 베트남 축구는 이제 그 익숙한 호칭에서 벗어났다. 2018 AFF 스즈키컵 우승으로 동남아시아의 최강자로 등극했고, 2018 자카르타-팔렘방 아시안게임 4강과 2019 UAE 아시안컵 8강 진출로 아시아의 축구 다크호스로 자리매김했다. 이제 누구도 베트남 축구를 약체로 평가하지 않는다. FIFA 랭킹도 99위로 100위 안으로 들어왔다. 박 감독이 베트남에 올 때 조건 중 하나가 100위 내로 진입시킨다는 것이 있었다. 그것을 달성한 것은 물론이고 랭킹을 세 자릿 수에서 두 자릿 수로 올린 것도 의미 있다.

이제 베트남 축구는 아시아를 넘어 세계로 무대를 나아가고자 한다. 박 감독과 베트남 대표팀에게는 새로운 도전이 시작되었다. 그것은 바로 월드컵과 올림픽이다. 베트남 축구의 전망은 어느 때보다 밝다. 박 감독 부임 후 대표팀이 완전히 달라졌기 때문이다. 대표팀 선수들은 국가 차원에서 유소년 때부터 육성한 축구 엘리트들이다. 신수들은 오랫동안 발을 맞춰왔다. 눈빛만 보고도 서로의 마음을 안다. 패스는 발에 딱딱 달라붙고 물 흐르듯이 자연스럽다. 이에 더해 박항서 감독의 리더십은 팀의 사기를 북돋우고 선수와 감독 간에 신뢰를 갖게 만들었다.

월드컵은 축구 선수들에게 꿈의 무대다. 아쉽지만 베트남은 아직까지 한 번도 월드컵 본선 무대를 밟아 보지 못했다. 아시아 대륙에는 현재 4.5장의 월드컵 티켓이 배정되어 있다. 지금까지 이 티켓은 주로 극동과 중동의 강자들이 가져갔다. 지금까지 동남아시아 국가들은 월드컵 본선에 진출한 적이 별로 없다. 그만큼 동남아시아 축구는 아시아와 실력 차이가 난다. 베트남은 동남아시아 축구 챔피언이다. 베트남의 상승세는 뜨겁다. 선수들은 베트남 정신으로 무장되어 있다. 선수들의 실력과 팀의 조직력은 일취월장했다. 그 어느 때보다 월드컵 본선에 진출하기에 좋은 때다.

2022년 카타르월드컵, 베트남에게 카타르월드컵은 최초로 본선 무대를 밟을 확률이 높은 대회다. 우선 예선 통과가 관건이다. 카타르월드컵 예선은 올해 11월부터 열린다. 아직 시간이 남아 있다. 박 감독과 선수들은 그때까지 철저하게 준비할 것이다. 이제 베트남은 아시아를 넘어 세계인의 축구 축제인 월드컵에서 실력을 발휘할 꿈을 꾼다.

대한민국에게도 그랬던 시절이 있었다. 한국은 1954년 스위스월드컵 때 처음 본선에 나간 이후, 오랫동안 본선 무대를 밟아 보지 못하다가 32년 만인 1986년 멕시코월드컵에 진출했다. 많은 국민이 늦은 밤이나 새벽에 월드컵 본선 경기를 보고 대표팀을 응원하느라 밤을 지새웠다. 나는 그때 초등학생이었다. 새벽 다섯 시나 여섯 시쯤 잠을 깼다. 눈을 떠보니 TV에서는 월드컵 조별 리그 마지막 경기인 대한민국과 아르헨티나의 경기가 벌어지고 있었다. 아르헨티나는 이 대회에서 우승한 나라다. 후반전 스코어는 어느 새 3-0, 대한민국은 약팀으로 패색이 짙었다. 후반전도 어느새 절반이 지나가고 있었다. 그때 박창선 선수가 중거리 슛을 날렸다. 하프라인에서 조금 벗어난 지점에서 아르헨티나의 골문을 향해 롱슛을 때렸다. 당황한 골키퍼가 미처 손쓸 수 없을 정도로 공이 높이 날아가 뚝 떨어지며 골문으로 꽂혔다. 끝까지 포기하지 않는 대한민국 대표팀의 끈질긴 투지를 볼 수 있었다.

만약 베트남이 사상 최초로 월드컵에 진출한다면 모든 국민은 경기를 빠지지 않고 볼 것이다. 일부 팬들은 멀리 떨어진 외국까지 찾아가 응원할 것이다. 2018년에 벌어진 국제대회에서 그랬던 것처럼, 베트남 국기를 본 따 만든 유니폼을 입고 금성홍기를 흔들며 자국 팀을 응원할 것이다. 본선에서 사상 첫 골이 터진다면 베트남 국민들은 너나 할 것 없이 얼싸안고 춤을 추며 기쁨의 눈물을 흘릴 것이다.

축구는 국민을 하나로 만드는 놀라운 스포츠다. 더군다나 청소년 대표팀이 나가는 U-23 대회도 아니고, 동남아시아 단위에서 벌어지는 아세안축구연맹AFF 대회도 아니고, 아시아 단위로 벌어지는 아시안게임이나 아시안컵도 아닌 월드컵에 베트남이 진출한다면 그 축구 경기가 진행된다면, 1억 베트남 국민들은 그 순간 하나가 될 것이다.

월드컵 못지않게 세계적인 대회가 올림픽이다. 월드컵과 올림픽의 차이는 월드컵이 축구 단일 종목의 세계 대회인 반면, 올림픽은 육상,

수영, 축구를 비롯한 구기 종목, 유도, 태권도, 레슬링 등의 격투기 종목 등의 모든 종목이 세계적인 규모로 함께 벌어진다는 점이다.

2020년에는 도쿄올림픽이 열린다. 이 대회 예선을 겸해 진행되는 2020 아시아축구연맹AFC U-23 챔피언십 예선은 3월 22일부터 벌어졌다. 베트남은 브루나이, 인도네시아, 태국과 함께 K조에 배정되어 있다. 박 감독은 같은 조에 속한 나라들이 모두 만만치 않은 실력을 갖추고 있다고 말했다. 베트남은 1차전에서 브루나이를 6-0으로 이기고, 2차전에서 인도네시아를 만나 1-0으로 힘겹게 꺾었다. 오랜 라이벌인 태국과의 3차전은 예상과 달리 4-0으로 대승하며 3전 전승 조 1위로 U-23 챔피언십 대회 본선에 진출했다. 베트남 대표팀 감독에게 올림픽은 그리 좋은 기억으로 남아 있지 않다. 2016년 리우올림픽을 앞두고 당시 베트남 대표팀을 맡고 있던 미우라 토시야 감독이 경질됐기 때문이다. 그는 베트남의 황금세대를 이끌고도 올림픽 본선 무대 진출에 실패한 책임을 졌다. 토시야 감독은 박 감독 직전의 외국인 감독이다. 그의 성적 부진이 박 감독에게는 베트남과 인연을 만들어 줬다.

다행스럽게도 박 감독은 베트남 대표팀을 좋은 시기에 맡았다. 올림픽이나 월드컵 예선 경기를 하지 않았기 때문이다. 국가대표팀 감독은 성적, 성과에 대한 책임이 무겁게 따른다. 박 감독은 베트남 대표팀을 맡아 아시안게임과 아시안컵 등의 아시아 단위와 아세안축구연맹AFF 스즈키컵의 동남아시아 단위의 대회에 참가해 좋은 성적을 올렸다. 그래서 베트남축구협회는 물론이고 베트남 국민과 정부로부터 큰 사랑과 격려를 받았다.

> **좋을 때 너무 좋게 보지 말고 나쁠 때 너무 나쁘게 보지 말라.**
>
> -리자청, 홍콩 청쿵그룹 회장

사람들은 좋을 때는 한없이 좋게 본다. 반면 일이 잘되지 않을 때는 계속해서 그럴 것이라고 생각한다. 하지만 꼭 그렇지는 않다. 잘되어 가는 일도 시간이 지나면 잘되지 않을 때도 있고, 안 좋은 일도 때가 되면 좋아질 때가 있다.

박 감독은 이 부분을 잘 알고 있다. 자신의 축구 인생에서 좋을 때가 영원히 계속되지 않을 것이라는 걸 경험했다. 그는 겸손하다. 또 인기에 연연해 하지 않는다. 2018년에 좋은 성적을 올렸다고 해서 그것이 2019년에도 좋은 성적을 보장하지 않는다는 것을 잘 안다. 넘어질 때마다 '오뚝이'처럼 다시 일어설 줄 알았던 것이 그의 축구 인생이다. 그는 좋은 성적은 철저한 준비에서 나온다는 것을 잘 알고 있다. 또 단순히 어제의 승리와 영광에 도취되어 샴페인을 터뜨리지 않는다. 앞으로 다가오는 대회를 생각한다. 그 대회의 목표를 설정하고 그것을 달성하려면 어떤 전략과 전술로 승부해야 하는지 끊임없이 구상한다.

매 대회가 새롭다. 현대 축구는 실력의 차이는 있겠지만 절대 강자도 절대 약자도 없다. 늘 새로운 마음으로 처음부터 다시 준비해야 한다. 국가대표팀은 A매치를 위해 소집되는 팀이다. 선수들은 소속된 프로팀이 있다. 소속 팀의 배려가 국가대표팀 운용에 큰 영향을 준다. 다행히 베트남은 국가대표팀에 많은 배려를 하고 있다. 특정 대회를 짧은 기간 동안 준비해서 좋은 결과를 만드는 것은 결코 쉽지 않다. 박 감독은 지금까지 대표팀을 잘 이끌어 왔다. 노하우도 축적되어 있다. 이것 또한 베트남 대표팀에게 2020년 도쿄올림픽과 2022년 카타르월드컵 본선 진출을 기대해 볼 만한 이유다.

월드컵과 올림픽, 축구 선수라면 꼭 뛰어 보고 싶은 꿈의 무대다. 선수뿐만 아니라 감독 역시 밟아 보고 싶은 대회다. 우리는 펠레와 마라도나, 마테우스를 기억한다. 또 베르캄프와 호나우두, 지단과 클린스만, 크리스티아누 호날두와 메시를 기억한다. 이들은 월드컵에서 환상적인 플레이를 펼친 스타들이다. 그들의 플레이를 보면 축구를 동경하게 되고 축구의 참맛을 알게 된다.

월드컵에서 축구 강호들의 경기가 벌어지면 축구팬들은 잠을 자지 않고 새벽에도 깨어난다. 심판의 시작 휘슬이 울리면 선수는 경기장에서 뛰고 팬들은 TV를 보며 응원한다. 환상적인 드리블에 이은 골이 터지면 기뻐하고 주먹을 불끈 움켜쥔다. 어떤 이는 박 감독처럼 어퍼컷 세레모니를 날릴 것이다.

브라질, 아르헨티나와 같은 남미의 강호나 스페인, 독일, 프랑스 같은 유럽 강호들의 활약도 좋다. 거기에 더해 새로운 국가들이 월드컵이나 올림픽에 진출해서 멋진 플레이를 펼치길 희망한다. 그 가운데 베트남의 모습도 볼 수 있길 바란다.

박항서 감독의 행보

'배터리', '형님 리더십', '베트남의 영웅', '마법사', '스승'.

박항서 감독을 가리키는 다양한 수식어다. 그는 쉽지 않은 축구 인생을 살아왔다. 선수 시절에는 근성과 힘이 넘치는 플레이를 펼쳤다. 개인보다는 팀을 위해 뛰었다. 희생정신도 강했다. 베스트 일레븐에 뽑힌 적도 있었고 프로 리그에서 우승도 해봤다.

이른 나이에 축구 코치 경험을 시작했다. 월드컵에도 두 번이나 나갔다. 처음은 김호 감독을 도와 참가한 1998년 미국 월드컵이었다. 두 번째는 최고의 순간이었던 2002년 한일월드컵이다. 그는 40대 중반에 히딩크 감독을 도와 조국을 세계 4강에 올려놓았다. 잠시 대한민국 대표팀 감독을 맡았다가, 다시 프로팀 코치로 들어가는 아픔도 겪었다. 하지만 그 기간은 본격적인 감독이 되기 위한 시기였다.

프로 리그의 신생팀을 맡아 처음으로 감독 생활을 시작했다. 팀을 잘 훈련시켜 좋은 성적을 거두었다. 팀을 바꿔 기존 프로팀 감독을 지휘했다. 그 팀을 리그 상위에 올려놓았고 컵 대회에서도 좋은 성적을 거뒀다. 다시 다른 팀을 맡았다. 이번에는 일반 프로팀과 달리 군인들로 이루어진 팀이었다. 이 팀을 2부 리그 우승을 시키고 1부 리그로 끌어올렸다. 감독상도 받았다. 대한민국에서 프로팀 감독은 거기까지였다. 1년을 쉬고 고향이 있는 경남에서 실업팀을 맡았다. 팀을 소속된 리그에서 우승시켰다.

감독으로서의 인생은 여기까지라는 생각이 들었다. 그는 고민했다. 이대로 마무리할 것인가 아니면 새로운 무대에 도전할 것인가. 그는 오랫동안 꿈꿔 오던 외국 진출에 도전했다. 그리고 새로운 베트남 국가 대표팀 감독이 되었다. 베트남은 그의 인생 후반전에 새로운 도전이자 모험이었다.

박 감독의 인생사를 집약할 수 있는 한 단어는 '오뚝이'다. 그는 쓰러지면 다시 일어서고 쓰러지면 다시 일어섰다. 힘든 시기를 묵묵하게 잘 견뎌냈다. 시련이 시련만은 아니었다. 그에게 시련은 기회였다. 그의 절치부심한 노력이 있었기 때문에 가능했다.

2018년의 베트남 전역을 뜨겁게 물들였던 영광의 순간도 지나갔다. 2019 아시안컵 8강의 위업도 지나갔다.

이제 베트남 축구는 2019년에 있을 대회를 준비해야 한다. 박항서 감독은 여전히 베트남 축구 국가대표팀 감독이다. 그는 성인 대표팀과 U-23 대표팀을 동시에 맡으면서, 2018년 초 U-23 대회부터 지난 아시안컵까지 숨 막힌 여정을 달려왔다. 박 감독은 2019년 베트남 대표팀의 일정상 두 팀을 동시에 맡기에는 힘들다는 뜻을 베트남축구협회에 전달했다. 베트남에서도 그동안의 박 감독의 노고를 인정하고 그 부담을 어떻게 덜어 줄 것인지 논의했다.

베트남축구협회는 박 감독과 함께 베트남 대표팀을 이끌었던 이영진 수석코치에게 베트남 U-22 대표팀을 지휘를 맡기기로 했다. 2019년에 일정이 빡빡한 베트남 대표팀의 효과적인 운영을 위해 감독진의 이원화를 선택한 것이다. 2019년 베트남 축구는 2020 도쿄올림픽 출전 티켓이 달려 있는 AFC U-23 대회 예선과 2022 카타르월드컵 예선 그리고 동남아시아게임SEA까지 일정이 빼곡하다.

그런데 뒤의 두 대회가 11월에 열린다. 박 감독으로서는 현행 체제대로라면 한 곳에 집중하기 힘들다. 그래서 기존의 성인 대표팀과 U-23 대표팀은 박항서 감독이 맡아 월드컵 예선을 맡고, 이영진 코치는 성인 대표팀과 U-23 대표팀 수석코치를 겸하면서 U-22 대표팀이 나서는 동남아시아게임의 감독을 맡기로 한 것이다.

하지만 이 결정은 3월 초에 갑자기 번복됐다. 베트남이 정부 차원에서 대표팀 사령탑의 이원화에 반대했기 때문이다. 베트남의 문화체육관광부 장관이 직접 나서서 박 감독에게 U-22 대표팀을 맡아야 된다고 강하게 주장했다. 11월에 열리는 동남아시아게임SEA에서 한 번도 우승한 적이 없는 베트남 대표팀의 우승을 위해서였다. 박 감독에 대한 신뢰가 그만큼 커서였다. 출전하는 대회마다 모두 좋은 성적을 거두며 실패하지 않았기 때문에 절대적인 믿음이 생길 수밖에 없었다.

지난 2018년 12월 15일 아세안축구연맹AFF 스즈키컵에서 10년 만에 우승한 후 박 감독의 거취에 대해 주변에서 여러 가지 말들이 있었다. '박수 보낼 때 떠나라'라는 말처럼, 베트남에 있으면서 이룰 것은 모두 이루었으니 다른 곳으로 떠나라는 말이 있었다. 하지만 박 감독은 단호했다. 그는 아직 베트남과의 계약 기간이 1년 넘게 남아 있다면서, 올해는 3월에 U-23 대회 예선이 시작되고 11월에는 2020년 카타르월드컵 예선이 있기 때문에 베트남 대표팀 감독으로서 다가오는 대회들을 충실히 준비할 것이라고 이야기했다.

베트남 대표팀은 스즈키컵 우승 후 체력적으로나 정신적으로 많이 지쳐 있었기 때문에 지난 1월 아시안컵 준비가 쉽지 않았다. 쉴 틈도 없이 참가한 아시안컵에서 박 감독은 베트남 대표팀을 아시아 8강에 올려놓았다. 이 대회에서 박 감독은 선수들이 아세안축구연맹AFF 대회 이후 쉴 틈이 없어 체력적으로 부담이 되지 않을까 가장 우려했다. 승부처로 삼은 조별 예선 1차전 이라크전에서 아쉽게 2-3으로 역전패했다. 이어서 이란에게도 패해 16강 진출은 어려워 보였다. 하지만 마지막 예멘을 상대로 2-0 완승을 거두고, 가까스로 막차를 타고 16

에 진출했다. 기적이었다. 운이 따라주지 않고서야 이런 결과가 나올 리 없었다. 베트남은 거기서 멈추지 않았다. 16강에서 C조 1위였던 요르단을 승부차기 끝에 물리치고 8강까지 진출하며 아시안컵 최고 성적을 거두었다.

현재 베트남축구협회와 언론과 베트남 국민들은 박 감독에게 더 많은 연봉을 주고서라도 그를 꼭 잡고 싶어 한다. 박 감독의 연봉은 인근 동남아 국가의 대표팀 감독보다 적다. 하지만 역대 베트남 대표팀 감독으로서는 최고 금액을 받고 있다. 박 감독 역시 계약 기간이 남아 있고 아직 배가 고프다며 베트남 대표팀에서 더 있고 싶다는 뜻을 보였다.

대한민국의 축구 팬들은 지난 아시안컵에서 보여 준 국가대표팀의 경기를 보며, 박 감독이 필요한 곳은 베트남보다 대한민국이라고 말하기도 했다. 대한민국 대표팀은 유력한 우승 후보였으나 아시안컵에서는 아쉬운 플레이를 보여 줬다. 결과는 베트남과 같은 아시아 8강이었고, 헝그리 정신이 많이 사라진 듯했다. 오히려 게임 운영과 투지는 베트남이 대한민국보다 나아 보였다.

박 감독은 현재 본인의 말대로라면 계약 기간인 2020년 중반까지는 베트남 대표팀을 맡게 된다. 그 이후 베트남 대표팀과 계약을 연장할지 아니면 다른 팀으로 옮길지는 알 수 없다. 박 감독이 어떤 선택을 하든 당분간 현역에서 축구 감독으로 활약하리라는 것은 분명하다. 박 감독이 기왕 베트남 대표팀의 놀랄 만한 변화를 이루어 냈으니, 세계인의 축구 축제인 월드컵 본선에 베트남을 올려놓는 것을 보고 싶다.

> 내가 미래를 만들면 미래는 나에게 행복과 부를 선물로 주지만, 미래가 나를 만들면 나에게 미래는 두려움과 고통뿐이다.
>
> -최윤식, 《2030 대담한 미래 2》 중에서

미래는 스스로 만들어가는 자의 것이다. 주어지는 미래와 주도해서 만들어가는 미래는 분명 다르다. 박 감독은 자신의 미래를 만들어왔다. 쉽지 않은 길이었다. 축구에 대한 열정으로 뚜벅뚜벅 걸어왔다. 누가 뭐라고 하든지 크게 흔들리지 않았다. 힘든 적도 있었지만 묵묵히 견뎌냈다. 시간은 그의 편이었다. 그는 경험과 실력을 쌓았다. 그리고 많이 여유로워졌다. 마침내 기회가 왔고 도전했다. 한편으로는 모험이었지만 누구도 예상치 못한 기적을 만들었다.

"저는 생계형 지도자입니다."

박 감독은 솔직하다. 자신이 가장임을 숨기지 않는다. 이것은 그가 동남아에 오게 된 중요한 이유 가운데 하나다. 먹고사는 것만큼 사람을 절실하게 만드는 것이 있을까. 그만큼 맑은 정신을 갖고 움직이게 만드는 것이 또 있을까. 박 감독은 현실적인 사람이다. 또 헌신적이다. 정상에 올라선 경험도 갖고 있다.

그는 더 큰 꿈을 꾸고 있다. 하나의 대회에서 좋은 성적을 올리는 것을 넘어, 자신이 맡고 있는 팀의 실력을 전체적으로 더 높이 끌어

올리고자 한다. 그의 시선은 한 단계 수준 높은 플레이를 펼치는 팀을 만드는 데로 향해 있다. 박항서 감독의 본격적인 행보는 이제부터 시작되는지도 모른다.

베트남 축구의 선진화

베트남 축구는 달라졌다. 아시아의 변방에서 다크호스로 부상했다. 운도 따랐지만 운만 좋았던 것은 아니다. 감독과 코칭스태프 그리고 선수들의 피와 땀이 있었기 때문에 가능했다. 베트남은 이제 이전과는 확실히 다른 축구를 한다. 하지만 지금에 만족해서는 곤란하다. 더 높은 곳을 향해 나아가야 한다.

아직 베트남 대표팀이 갈 길은 멀다. 2018년 아시안게임에서 4위에 오르고 지난 1월 끝난 아시안컵에서 8강에 올랐지만 여전히 아시아의 벽은 높았다. 동남아시아와는 수준이 달랐다. 이란, 이라크 등 중동의 벽은 높기만 했다. 지난해 말까지 이어진 스즈키컵에 이은 계속되는 경기로 선수들의 체력이 바닥난 부분도 있었다. 그것을 감안하더라도 베트남 축구는 아직 아시아 최강과는 실력 차가 난다. 그래서 베트남 대표팀은 전력 강화를 위해 다각도로 노력 중이다.

베트남은 유소년 축구에 대한 투자를 강화해야 한다. 박항서 감독은 베트남 대표팀의 아시안컵 일정을 마친 후 현재 베트남의 유소년 축구 상황이 좋은 편은 아니라고 했다. 현재 10세 선수가 10년 후면

20세가 되고, 지금 20대 중반의 선수는 10년 후에는 은퇴해야 한다며 4년, 8년 후 월드컵을 생각한다면 10세 선수들에게 투자해야 한다고 강조했다.

현재 베트남 대표팀의 주축을 이루고 있는 선수들을 '황금세대'라고 한다. 이 선수들은 정부 차원의 투자로 어릴 때부터 좋은 훈련을 받았다. 선수들의 평균 나이는 20대 중반으로 2022년 카타르월드컵에 대한 준비는 이 선수들로 할 수 있다. 하지만 장기적으로 봤을 때, 박 감독 말처럼 현재 10대나 그보다 더 어린 선수들에 대해 투자해야 한다. 박 감독은 현재 베트남의 유스팀 상황은 몇몇 팀을 제외하고 열악하게 보고있다. 지금보다 장기적으로 많은 투자가 있어야 한다고 생각하고 있다.

영국이나 독일과 같은 축구 선진국은 어릴 때부터 선수들을 체계적으로 육성한다. 잉글랜드 프리미어리그의 맨체스터 유나이티드, 첼시, 아스날, 토트햄이나 독일 분데스리가의 바이에른 뮌헨, 도르트문트, 레버쿠젠 등의 명문 구단은 오랫동안 유소년 축구에 투자해 왔다. 어릴 때부터 구단의 지원으로 훈련받은 유소년팀 선수들은 성장하며 실력을 쌓아서 훈련받은 팀에 입단한다. 어린 선수들에 대한 투자가 팀 전력 강화로 이어지는 것이다. 이 선수들은 팀의 중요한 선수로 자리매김한다.

베트남 축구 역시 장기적으로 유럽의 모델을 따라 유스팀에 대한 투자를 강화해야 한다. 여러 가지 사정이 있겠지만 장기적인 시각을 가지고 다음 세대에 투자한다면 밝은 미래의 빛을 볼 수 있을 것이다.

국가대표팀 감독은 자주 바뀐다. 기간의 차이가 있을 뿐이다. 해외파 감독은 좋은 성적을 올릴 때도 있지만 그렇지 않은 경우도 많다. 베트남 대표팀도 1995년 이후 외국인 감독이 여덟 명이나 물갈이 됐다. 베트남 대표팀에는 시스템이 필요하다. 바뀐 감독과 관계없이 대표팀이 일정한 수준의 실력을 유지하는 것이 관건이다.

박 감독은 1월 말 아시안컵 진행 중 베트남 대표팀의 시스템에 대해 강조했다. 몇 년 후 계획을 세우고 시스템을 만들어야 한다며 하루아침에 되지 않다고 했다. 본인은 외국인 감독이라며 누가 오더라도 할 수 있는 시스템을 만들어야 한다고 강조했다.

우리 속담에 '첫 술에 배부르랴'는 말이 있다. 무엇이든 한 번에 되지 않는다는 말이다. '누가 오더라도 할 수 있는 시스템'이란 말에서 박 감독의 뜻을 헤아릴 수 있다. 어떤 외국인 감독이 오더라도 팀 전력이 100% 발휘될 수 있도록 모든 부분이 갖추어져 있어야 한다는 말이다.

그러기 위해서는 준비할 부분이 많다. 선수들의 소속 팀에서 대표팀으로의 선발에 대해 전폭적인 지원을 해야 하고, 축구협회가 감독에게 선수 선발과 팀 운용에 대한 전권을 줘야 한다. 또 팀을 원활하게 끌고 나갈 수 있도록 제도적으로 미비한 부분이 있으면 보완해야 한다. 그뿐만 아니라 선수들이 경기를 소화하는 데 불편함이 없도록 외국으로의 원활한 이동과 의료 지원 등 여러 측면에서의 지원도 보다 강화되어야 한다.

2018년에 베트남 대표팀은 다양한 대회에서 많은 A매치를 경험했다. 경기는 동남아시아와 아시아 규모의 대회였다. 지금까지 쌓아온 경험도 엄청난 자산이다. 하지만 지금보다 더 많은 경험이 필요하다. 그래야 지금보다 더 수준 높은 팀이 될 수 있기 때문이다.

마침 2019년은 그런 면에서 적절한 시기다. 2020년 도쿄올림픽 본선 티켓을 좌우하는 U-23 챔피언십 대회 예선은 3월 22일부터 열렸다. 11월에는 2022년 카타르월드컵 지역 예선과 동남아시아게임SEA도 벌어진다. 2018년에 좋은 결과를 보여준 베트남 대표팀은 자신감과 경험을 축적한 팀으로 성장했다. 2018년이 자신감과 할 수 있다는 것을 확인한 한 해였다면, 2019년은 실력을 업그레이드시킬 수 있는 좋은 기회다. 올림픽과 월드컵 진출 여부를 가리는 게임도 열리기 때문에, 같은 동남아시아권 국가와의 경기라 하더라도 이전과는 긴장감이 다르다.

경험은 생각보다 중요하다. 이전에 상대했던 팀이라 하더라도 경기마다 전술과 선수가 바뀐다. 같은 선수가 출전하는 경기라 하더라도 똑같은 게임은 없다. 경기마다 감독의 전술이 다르며 선수들의 컨디션이 다르고 분위기가 다르기 때문이다. 선수들이 많은 경기를 경험하면 다양한 상황에 대처하는 능력이 향상된다. 선수뿐만 아니라 팀도 마찬가지다. 많은 경험을 한 팀은 조직력이나 전술에서 더 나은 실력을 쌓을 수 있다.

2019년은 베트남 대표팀에게 새로운 경험을 쌓을 기회가 많다. 베트남축구협회는 올해 치러지는 모든 대회의 중요성을 감안해 이영진 수석코치를 U-22 대표팀 감독으로 선임해 대표팀의 이원화 계획을 변경해서, 다시 박 감독으로 일원화했다. 한국인 코치를 새로 영입한다는 계획도 추진 중이다. 감독과 코칭스태프에 대한 정비로 팀 전력 강화를 추진 중이다. 그만큼 출전하는 대회에서도 실질적인 실력 향상과 좋은 결과를 만들길 바란다.

> 나는 신이 인간을 만들 때 모든 면에서 발전하고 성장하는 존재로 창조했다고 믿는다. 원래 인간의 능력이란 스스로 포기하지 않는 한 미래를 향해 성장하고 진보하도록 되어 있다.
>
> -이나모리 가즈오, 《바위를 들어 올려라》 중에서

박 감독은 베트남 대표팀을 맡으면서 중요한 목표 중 하나로 베트남 축구의 선진화를 이야기 했다. 베트남 축구 수준을 한 단계 끌어올리겠다는 야심찬 목표를 세운 것이다. 박 감독과 베트남 대표팀 선수들은 절묘한 조합이다. 지금까지 이들은 '기적'을 보여 줬다. 누구도 예상치 못한 결과였다. 대표팀은 물론 베트남 국민들과 멀리 대한민국 축구 팬들까지 베트남 축구에 많은 관심을 가지고 응원했다. 축구는 베트남의 자랑이 되었다. 1억 베트남을 하나로 뭉치게 만들었다.

사람뿐만 아니라 조직도 진보하고 발전하길 원한다. 베트남 축구는 새로운 도전을 앞두고 있다. 지금보다 더 세련되고 강하며 유기적인 축구를 구사하는 팀으로 진화하기 위해 준비 중이다. 변화에는 반드시 고통이 수반된다. 지금보다 더 나은 실력을 갖추려면 그만한 대가를 지급해야 한다.

베트남 대표팀은 대한민국이 가졌던 1980년대의 헝그리 정신을 가지고 있다. 선수들은 몸을 사리지 않는다. 뭔가 해보겠다는 투지와 절실함이 느껴진다. 이것이 베트남이 다른 동남아 국가와 차별화되는 결과를 가져온 원동력이었다. 이것은 베트남 정신이다. 또 박 감독이 패배감에 젖어 있던 선수들의 의식을 바꾼 영향도 크다. 지금처럼 이런 마인드가 충분하다면 베트남 축구의 미래는 낙관적이다.

2001년 초 히딩크 감독이 대한민국 대표팀의 월드컵 사령탑으로 왔을 때, 한국 선수들은 기술은 좋은 반면 체력이 부족하다고 했다. 히딩크는 파워 프로그램을 통해 간과해왔던 선수들의 체력을 강화해 신화를 썼다. 박 감독 역시 베트남 선수들을 보는 눈이 달랐다. 식단을 개선했고 근력운동으로 체력을 강화시켰다. 베트남 대표팀은 이전과 다른 팀이 되었다. 그들은 새로운 역사를 썼다.

베트남 축구의 선진화, 이것을 이루기 위해서는 박 감독처럼, 히딩크처럼 무엇이 문제인지 정확하게 볼 수 있는 눈이 필요하다. 전문가는 무엇이 문제인지 그 지점을 찾아내는데 비용의 99%를 청구하고, 문제를 해결하는데 나머지 1%의 비용을 청구한다. 이미 어디를 두드려야 하는지 답은 나와 있다. 이제 필요한 것은 장기적인 시각을 갖고 즉시 행동하는 것이다.

유소년 축구에 대한 투자와 시스템 확립, 이 두 가지를 잘 만들기 위해 지금부터 베트남축구협회와 감독과 코칭스태프 그리고 선수들은 맡은 역할을 충실히 해야 한다.

베트남 축구에 호기가 왔다. 베트남 축구에 있어 이런 기회는 자주 오지 않을 것이다. '박항서 매직'이 짧게 끝나는 것은 아쉽다. 장기적인 베트남 축구의 질적 향상으로 이어져야 한다.

가까워진 대한민국과 베트남

21.9%

2018년 12월 15일, 베트남과 말레이시아 간에 벌어진 2018 아세안 축구연맹AFF 스즈키컵 결승 2차전의 대한민국에서의 TV 시청률이다. 그날 SBS는 시청률이 보장된 주말 드라마 편성을 전격 취소하고 베트남 대표팀의 스즈키컵 결승 2차전을 생방송했다. 결승 1차전 원정경기에서 2-2로 비긴 베트남은 2차전 홈 경기에서 비기기만 해도 우승하는 상황이었다. SBS는 기존에 축구를 중계하던 SBS스포츠와 지상파 채널인 SBS에서 동시에 이 경기를 중계했다. 이 경기의 시청률은 SBS에서는 18.1%, SBS스포츠에서는 3.8% 합쳐서 21.9%로 예상보다 훨씬 높았다.

박항서 감독이 사령탑을 맡고 있는 베트남 대표팀이 스즈키컵 결승에 진출했다. 많은 대한민국 축구 팬들은 동남아시아의 월드컵이라 불리는 이 대회에서 박 감독이 이끄는 베트남의 우승 여부에 관심을 갖고 있었다. 결과는 1-0, 베트남의 승리였다. 베트남은 결승에서 말레이시아를 누르며 10년 만에 스즈키컵을 들어올렸다. 대한민국의 많은 축구팬도 박 감독의 선전과 베트남의 우승을 축하했다. 21.9%라는 놀라운 시청률이 이를 말해 준다. 이 경기의 시청률은 동시간대 다른 지상파에서 방송된 모든 프로그램 가운데 가장 높았다. 이것은 대한민국 축구 팬들의 박 감독과 베트남 축구에 대한 높은 관심을 표현한 것이다. 대한민국이 출전하지 않은 대회를 이렇게 많은 대한민국 국민이 본 경기도 드물다. 그만큼 베트남과 대한민국은 축구로 가까워졌다.

결승 2차전은 베트남의 홈 하노이 미딩경기장에서 벌어졌다. 베트남 팬들이 운집한 관중석 펜스 앞에는 베트남 국기인 금성홍기와 함께 태극기가 넓게 펼쳐져 있었다. 대부분의 국가는 자국 대표팀 경기에 다른 나라 국기를 펼쳐 놓지 않는다. 베트남 축구팬들은 박항서 감독의 나라인 대한민국에 대한 감사함을 표현했다. 그뿐만 아니라 많은 팬들이 얼굴에 금성홍기와 함께 태극기를 그려서 응원했다. 이 경기는 마치 베트남과 대한민국의 연합 응원단이 응원하는 것이 아닌가 하는 착각이 들 정도였다.

2018년 박항서 감독과 베트남 대표팀의 선전으로 대한민국과 베트남 양국 간의 관광객의 수도 큰 폭으로 증가했다. 한국관광공사에 따르면 2018년에 한국을 찾은 베트남 국민은 45만 명이 넘는다고 한다. 이는 지난해보다 40% 급증한 것이다. 한편 지난해 베트남을 찾은 한국 관광객은 340만 명으로 지난해 대비 44%나 크게 증가했다. 베트남 국가관광청에 의하면 지난 1월 38만 9,000명의 한국 국민이 베트남을 방문했다고 한다. 대한민국은 처음으로 중국을 제치고 베트남을 가장 많이 방문한 국가가 됐다.

박항서 매직의 효과는 기대 이상이다. 대한민국에는 베트남에 대한 관심을, 베트남에는 대한민국에 대한 관심을 높였고 큰 폭의 관광객 증가로 이어졌다. 양국 간의 관광객은 전년 대비 40% 이상 늘었다. 베트남 국민들은 자국 대표팀을 이끌고 탁월한 업적을 만든 박 감독에게 긍정적인 영향을 받았다. 이것은 박 감독의 모국인 대한민국에 대한 호기심으로 커졌고 대한민국에 대한 방문으로 이어졌다. 한편 대한민국에서도 베트남은 다낭, 하노이를 비롯한 많은 곳이 이미 유명한 관광지다. 그런데 박 감독이 베트남에서 일으킨 기적으로 베트남에 대한 관심이 더욱 커졌다. 이것은 큰 폭의 베트남 관광객 증가로 나타났다.

이렇게 박항서 감독은 양국 간 최고의 가교 역할을 하고 있다. 베트남에서는 단순히 박항서의 나라인 대한민국에서 왔다는 이유만으로 대접을 받는다. 베트남의 어떤 식당은 한국인들에게 무료로 음식을 대접하고 서비스까지 제공한다. 길거리에서는 한국인에게 다정하게 대하면서 길을 잘 모르는 한국인에게는 택시까지 잡아 준다. 지금 베트남에서는 대한민국에 대한 인식이 역대 어느 때보다 좋다. 대한민국에서는 이 기회를 놓치지 말고 모든 부분에서 베트남과 더 가까워지도록 노력해야 한다.

베트남은 현재 미국과 중국의 무역 분쟁으로 세계 경제가 어려운 상황에서도 연 6~7%의 높은 경제 성장률을 보이고 있다. 베트남은 1986년 경제 개방 정책인 '도이모이' 정책을 실시했다. 공산당 1당 체제를 유지하며 경제 성장을 꾀하는 정책으로, 1987년에는 외국인 투자법을 개정해 투자 유치에 적극 나섰다. 1989년에는 베트남 전쟁 당사자였던 미국과 수교하여 보다 확실한 경제 성장 환경을 만들기 위해 노력했다. 이후 상법과 기업법 등을 정비해 민간 기업 육성에 적극 나섰다. 그 열매가 현재의 경제 호황으로 나타나고 있다.

베트남 정부는 자국에 투자하는 기업들에게 토지 제공, 세제 혜택 등으로 기업 활동을 전폭적으로 지원하고 있다. 대한민국의 기업들은 박항서 감독의 활약 이전에도 베트남에 많이 진출해 있었다. 최근에는 우리나라 대기업 CEO들이 베트남을 방문했다. 2018년 10월에는 이재용 삼성전자 부회장이 베트남 현지 공장을 다녀왔고, 같은 해 11월에는 최태원 SK그룹 회장이 베트남을 방문했다. 베트남이 다른 나라들과 다른 것은 기업의 CEO들이 베트남을 방문했을 때, 베트남 총리가 직접 이들을 만나서 민원을 모두 들어준다는 것이다. 이것은 아주 이례적인 일로 베트남 정부가 자국에 진출한 외국 기업에 대한 깊은 관심을 보여 주는 것이다.

1992년 대한민국과 베트남은 수교했다. 베트남 전쟁에서 적으로 만난 지 채 20년이 지나지 않은 시점이다. 그 사이 양국 관계는 떼래야 뗄 수 없는 관계로 발전했다. 대한민국 드라마와 가요가 아시아 전역을 휩쓴 한류가 베트남에도 상륙해 베트남 젊은 세대들은 한국에 친근한 이미지를 갖고 있다. 현재 베트남에서는 한국에 대한 관광과 한국어 배우기 열풍이 불고 있다. 많은 베트남 대학생들은 한국 기업에 취업하고 싶어 한다.

많은 한국인도 베트남을 여행 1순위로 꼽고 있다. '다낭'은 이미 많은 한국 사람이 다녀간 유명 여행지가 되었고 아직 가보지 못한 사람들도 베트남의 절경을 품은 곳을 여행하고 싶어 한다. 또한, 기업들은 베트남에 대한 투자를 현재보다 더 늘리려고 한다. 베트남은 중국을 대체할 생산기지로 떠올랐고 검증되었기 때문이다. 한편 한국에서는 베트남의 대표 음식인 쌀국수를 비롯한 분짜 등 베트남 음식만 전문적으로 파는 식당이 최근 몇 년 새 속속 들어서고 있다. 이렇게 양국은 수교 27년째를 맞아 경제나 문화 그리고 일상생활에서 점점 가까워지고 있다.

2017년 기준으로 베트남은 미국에 이어 대한민국의 제3위 수출국이다. 1위는 1,421억 달러의 중국이 차지하고 있고, 2위는 686억 달러의 미국이, 그다음이 베트남으로 477억 달러 순이다. 한국에서 베트남으로 수출하는 주요 품목은 반도체, 디스플레이, 통신기기 등이다. 그런데 한국무역협회는 2020년이 되면 베트남이 미국을 제치고 대한민국의 두 번째로 큰 수출국이 될 것이라고 전망했다. 이전에 중국에 있던 우리나라의 공장들이 베트남으로 많이 이전했다. 1990년대 중반부터 중국의 인건비가 많이 뛰고 중국 정부가 외국 기업에 대한 홀대 정책을 실시했기 때문이다.

베트남은 중국을 대신할 새로운 공장으로 떠올랐다. 대한민국의 많은 기업은 이미 베트남 시장에 진출해있다. 삼성을 필두로 LG 등 IT 하드웨어 완성품을 만드는 기업들이 가장 많은 비중을 차지하고 있다. 그뿐만 아니라 석유화학, 에너지, 정보통신 기업인 SK와 제철소로 유명한 포스코도 가담했다. 거기에 롯데와 GS, 이마트 같은 유통 그룹도 가세했다. 베트남은 이미 한국의 제3의 수출 전진기지이고 앞으로 그 비중은 더 늘어날 것이다. K팝과 K뷰티로 대표되는 한류도 이미 베트남에서 좋은 반응을 얻고 있다.

박항서 매직으로 베트남에서의 대한민국에 대한 인식은 이전보다 더 좋아졌다. 이로 인한 경제적인 효과도 함께 발생하고 있다. 이전보다 더 많은 베트남 사람들이 한국 기업이 만든 물건을 사고 문화생활을 즐긴다. 또 베트남에 진출해 있는 한국의 대형마트나 편의점, 전자제품에 대해 높은 관심을 가지고 좋은 반응을 보인다.

상호 간의 차이와 거리를 사랑할 수 있다면 상대방의 전부를 바라볼 수 있을 것이다.

-릴케 , 독일의 시인

韓베트남학회 회장을 맡고 있는 안경환 조선대 교수는 "베트남 왕자들이 고려에 망명해 '정선 이씨'와 '화산 이씨'의 시조가 된 이후 우리와 베트남의 교류사는 900년이 넘는다. 베트남에서 한국이 외국인 투자 규모 1위이고, 베트남에 사는 교민은 15만 명이다." 라며 한국과 베트남의 오랜 인연과 긴밀한 관계를 강조한다. 오랜 세월동안 대한민국과 베트남은 교류해 왔다. 1992년 수교 이후 양국은 모든 분야에서 더 가까워지고 있다. 박항서 감독이 베트남 대표팀에서 보여준 기적은 이런 우호적인 분위기를 더 깊게 만들고 있다. 축구라는 스포츠의 힘이 축구 팬들뿐만 아니라 양국의 우호 증진과 협력에도 좋은 영향을 줄 수 있다는 것이 놀랍다. 앞으로 양국이 지금보다 더 많은 분야에서 깊이 있는 관계로 발전해 나가길 바란다.

베트남에 부는 스포츠 한류

한국 감독과 코칭스태프는 베트남 축구에 새로운 바람을 일으켰다. 2018년 U-23 챔피언십 대회부터 지난 1월 진행된 아시안컵까지 대한민국의 지도자와 베트남 선수들은 기적을 만들어 냈다. 이런 결과는 한국 축구 지도자들이 진심을 다해 성실하게 선수들을 지도했기 때문이다. 베트남 대표팀 선수들도 이런 한국의 지도자들을 잘 따랐다. 베트남축구협회도 이들을 전폭적으로 지원했다. 이 모든 것들이 합쳐져서 베트남 축구의 새 역사를 썼다.

박항서 감독과 이영진 수석코치 그리고 지금은 말레이시아 FC아브닐의 초대 감독으로 자리를 옮긴 배명호 피지컬 트레이너, 지난해 아시안게임에 합류해 선수들의 건강 상태를 도왔던 최주영 재활 트레이너 등 한국 출신 감독과 코칭스태프는 베트남 축구 대표팀의 실력 향상을 위해 노력했다. 박 감독은 선수들에게 자신감을 한껏 부여했다. 진심이 담긴 파파 리더십으로 선수들에게 다가갔다. 열심히 경기를 뛴 선수들의 등을 두드리며 선수들을 다독였다.

이영진 수석코치는 박 감독이 전체적으로 팀을 이끌 수 있게 세부적인 부분을 챙겼다. 박 감독은 베트남 대표팀이 좋은 성과를 내는데 이 수석코치의 공이 크다고 했다. 한국 벤치는 코칭스태프만의 전술과 선진화된 훈련 프로그램을 베트남 선수들에 맞게 도입했다. 젊은 베트남 선수들은 한국 지도자를 믿고 피와 땀을 흘렸다. 결과는 출전하는 대회마다 좋은 성과로 나타났다.

이렇게 베트남에서 한국 사령탑이 놀라운 변화와 결과를 만들어 내자 베트남에서는 한국 지도자에 대한 러브콜이 잇따르고 있다. 다른 나라 지도자들보다 베트남과의 문화적으로 잘 맞고 성실하며 열심히 하기 때문이다. 최근 베트남으로 진출하는 한국 지도자들이 있어 주목된다. 대표적으로 2002년 한일월드컵에서 히딩크 감독, 박항서 코치와 함께 대한민국 대표팀을 이끌었던 정해성 코치가 있다. 그리고 전북 현대의 코칭스태프로 있으면서 팀의 6년 연속 우승에 공을 세웠던 이흥실 감독이 그들이다.

정해성 감독의 소속사인 DJ매니지먼트에 따르면, 정 감독은 2017년부터 베트남 V리그의 호앙아인 잘라이 FC 총감독을 떠나 2019년부터는 새로운 팀인 호치민씨티 FC 감독으로 부임했다고 밝혔다. 호치민씨티 FC는 베트남 V리그에서 리그 우승과 컵 대회 우승을 하던 팀이었는데, 2010년 이후 리그에서 여러 번 강등되는 수난을 당했다. 지난 시즌에는 14개 팀 중 12위로 겨우 강등을 면했다. 호치민씨티 FC는 2019시즌에 좋은 성적을 올리기 위해 팀을 맡고 있던 일본인 감독을 경질하고 정 감독을 영입했다.

한편 이흥실 감독은 최근 베트남의 비엣텔 FC와 2년 계약을 맺었다. 비엣텔은 지난 시즌 베트남 축구 2부 리그에서 18경기 중 13승을 기록하며 1부 리그인 베트남 V리그로 승격했다. 이 감독은 전재호 코치, 김광재 트레이너로 구성된 '이흥실 사단'을 구축해 비엣텔의 좋은 활약을 준비 중이다. 베트남 매체 〈테 타오 반 호아〉는 이 감독이 팀의 유망주를 육성하길 기대하고 있다. 이 감독이 한국의 전북 현대와 안산 그리너스를 이끌며 어린 선수 발굴에 솜씨를 보였기 때문이다.

2019년 베트남에서 한국 지도자들의 활약이 기대된다. 베트남 국가대표팀은 박항서 감독과 이영진 수석코치가 이끌며 올해 3월 AFC U-23 챔피언십 대회 예선에 참가했고, 11월에는 카타르월드컵 예선과 같은 달에 진행되는 동남아시아게임SEA에 참가한다.

한편 베트남 프로 리그에서는 정해성, 이흥실 감독이 활약한다. 2002년 한일월드컵 대한민국 대표팀의 4강 신화의 조력자 정해성 코치가 베트남 내에서 팀을 옮겨 활동한다. 이흥실 감독도 같은 1부 리그에서 다른 팀을 맡아 선전을 펼칠 것이다. 이 감독은 2019년 처음으로 베트남에서 감독 생활을 시작한다.

이렇게 박항서 감독과 한국 코칭스태프가 이루어 놓은 베트남 축구의 신화는 한국 축구 지도자들에게 새로운 기회를 제공하고 있다. 물론 베트남에 진출하는 한국 지도자들이 모두 박 감독의 영향을 받아 진출하는 것은 아니다. 하지만 2018년부터 얼마 전 끝난 아시안컵까지 한국 지도자들이 베트남에 미친 영향은 누구도 부인할 수 없다. 이런 점이 긍정적으로 작용하여 베트남 프로축구 구단들이 한국 지도자들의 영입에 나서고 있는 것 또한 사실이다.

2019년에는 베트남에서의 대한민국 출신 지도자들이 더 많은 활약을 펼칠 것이다. 국가대표팀에서 한국 지도자들과 베트남 선수들 간에 이루어졌던 환상적인 호흡이, 프로팀에서도 그대로 나타나길 희망한다. 정해성, 이흥실 감독뿐만 아니라 더 많은 한국 지도자들의 베트남 진출이 기대된다. 그것이 베트남 축구 선진화로 이어지길 바란다.

한편 올해 2월 14일, 박 감독이 이끄는 베트남 대표팀의 스트라이커 응우옌 콩 푸엉이 1년 임대로 K리그 인천 유나이티드에 입단했다. 지난 아시안컵에서 콩 푸엉의 플레이를 유심히 관찰했던 인천 구단 관계자가 전격 영입한 것이다. 콩 푸엉은 인천의 부족한 공격력을 메꿔 줄 적임자로 무고사 선수를 뒷받침해서 인천의 공격을 이끌 것으로 예상된다.

콩 푸엉은 베트남 대표팀의 스트라이커로 '베트남의 메시'로 불린다. 콩 푸엉은 지난 1월 UAE에서 열린 아시안컵에서 두 골을 넣으며 베트남의 8강 진출에 크게 기여했다. 조별 예선 예멘전에서 1골, 극적으로 올라간 16강전 요르단과의 경기에서 후반 동점골을 터뜨렸다. 이 골로 베트남은 연장전을 거쳐 요르단과 승부차기까지 갔고 결국 승리해 8강에 진출했다.

콩 푸엉이 인천으로 오게 된 배경에는 같은 팀 쯔엉 선수의 역할도 컸다. 쯔엉은 K리그의 강원과 인천에서 선수로 뛰어 한국 팬들에게도 낯설지 않다. 콩 푸엉은 쯔엉에게 K리그와 인천 구단에 대해 들으며 많은 도움을 받았다. K리그가 아시아 최고의 리그인 점도 그의 마음을 사로잡았고 인천으로 오게 된 이유 중 하나였다.

인천 송도호텔에서 열린 콩 푸엉의 인천 유나이티드 입단식에는 그를 지도한 박항서 감독과 이영진 수석코치도 함께 했다. 아끼는 제자가 조국의 프로팀에 입단하는 영광스러운 현장에 함께 했다. 이날 해프닝도 있었다. 입단식 운영진이 박 감독을 콩 푸엉과 함께 앞 자리에 앉을 것을 계속 권했지만, 박 감독은 한사코 손사래를 치며 사양했다. 오늘 주인공은 자신이 아니라며 옆쪽에 배치된 테이블에 앉을 것이라며 이영진 코치 옆에 앉았다. 평소 소탈하고 겸손한 그의 모습을 다시 볼 수 있었다.

이렇게 한국에서는 베트남으로 지도자들이 진출하고 있고, 베트남에서는 좋은 선수가 한국의 프로 리그 무대에서 뛸 기회를 갖고 있다. 대한민국과 베트남은 박항서 감독을 통해 더 가까워지고 있다. 베트남에 스포츠 한류가 불고 있다. 반대로 한국에는 베트남 선수 진출이 시작되고 있다. 그것도 베트남의 스트라이커가 K리그 1부 리그에 진출했다.

2019년에는 스포츠 한류가 베트남에서 얼마나 큰 영향을 미칠지가 하나의 흥밋거리가 될 것이다. 박항서 감독이 이룬 베트남 축구의 기적이 대한민국 지도자들에게 새로운 기회를 만들어 주고 있다.

기회는 또 다른 새로운 기회를 낳는다. 인연은 새로운 인연으로 이어진다. 콩 푸엉이 인천 유나이티드에 입단한 것을 시작으로 실력 있는 베트남 선수들도 더 많이 K리그에 입성할 것이다. 베트남과 대한민국은 아직 축구 수준에서 차이가 난다. 월드컵 본선 진출 횟수나 올림픽 본선 진출 등에서 대한민국이 베트남에 훨씬 앞서 있다. 양국 간 역대 전적에서도 앞서 있다. 베트남 선수들이 K리그에 진출한다면 많은 것을 배울 수 있을 것이다.

K리그의 다른 팀들도 베트남의 실력 있는 선수를 영입해 팀 전력을 강화하고 좋은 성적을 올릴 수 있을 것이다. 그러기 위해서는 2019년 베트남의 간판 콩 푸엉 선수가 잘해 줘야 한다. 벌써부터 평가전에서 콩 푸엉 선수가 첫 골을 넣었다는 소식이 들린다. 콩 푸엉이 K리그에 잘 적응하고 인상적인 플레이로 좋은 성과를 올려서 베트남 선수의 K리그 진출에 길을 터 줬으면 하는 바람이다.

> 어려움이 닥치면 삼류 인생은 울어버린다. 이류 인생은 입술을 깨문다. 그러나 일류 인생은 웃는다. 새로운 도전이 성공의 기회가 되리라는 것을 알기 때문이다. 사람을 강하게 만드는 것은 사람이 하는 일이 아니라 하고자 하는 노력이다. 의지는 고난보다 강하다.
>
> -용혜원, 《용혜원의 성공노트》 중에서

지금 베트남에 불고 있는 박항서 바람을 통해 많은 한국 지도자들이 베트남, 나아가 동남아시아 진출의 문을 두드릴 수 있는 기회가 열리길 바란다. 또 실력 있는 베트남 선수들도 K리그로 진출하는 희소식이 들리길 기대한다.

미래 동반자, Korea & Vietnam

1960년대 중반 대한민국은 베트남전에 참전했다. 30만 명이 넘는 전투 병력을 파견해 미군을 지원했다. 베트남전 파병은 대한민국의 경제 발전으로 이어졌지만 베트남에게는 상처로 남아 있다. 전쟁은 적을 먼저 죽이지 않으면 내가 죽는 절체절명의 상황이다. 그래도 민간인의 목숨까지 앗아간 것은 안타까운 일이고 그냥 넘어가서는 안 된다. 대한민국은 민간 차원을 넘어 정부 차원에서 진심이 담긴 사과와 남아 있는 피해자들에 대한 배상을 추진해야 한다. 그것이 진정한 양국의 협력을 이끄는 바탕이 될 것이다.

베트남 전쟁 이후 20년이 채 지나지 않은 시점인 1992년 대한민국과 베트남은 외교 관계를 맺는다. 베트남은 1986년 도이모이 정책으로 경제 개방 정책을 실시하면서 기술이 뛰어나고 자본이 풍부한 한국과의 교역을 시작했다. 대한민국도 임금이 국내보다 훨씬 저렴하고 정부 차원에서 많은 혜택을 주는 베트남에 대한 투자에 나섰다.

1992년 수교 이후 양국은 경제 분야에서 중요한 파트너로 성장하고 있다. 최근에는 그 비중이 더 커졌다. 대한민국과 베트남 양국의 무역 규모는 25년 동안 무려 100배 이상 증가했다. 베트남은 최근 몇 년 사이 대한민국의 3위 수출국으로 올라섰다. 베트남은 2014년 대한민국의 6위 수출 대상국이었는데 2015년에는 싱가포르를, 2016년에는 일본을 차례로 앞지르고 4위 수출국으로 올라섰다. 마침내 2017년에는 홍콩마저 추월하고 3위로 올라섰다. 이것은 한-베트남 FTA자유무역협정가 발효된 지 3년 동안 긍정적인 효과로 반도체, 디스플레이, 섬유, 석유화학 등의 제품들이 호조를 보였기 때문이다. 대한민국의 수출이 매년 늘어나면서, 베트남 수입시장에서 대한민국이 차지하는 비중 또한 매년 상승하고 있다. 2017년에는 10년 전인 2007년보다 2.6배나 늘어난 22.1% 의 비중을 차지했다. 또 베트남은 한국에게 한 해 300억 달러 이상의 흑자를 주는 무역 상대국이다.

최근 한국 드라마를 접한 베트남 소비자가 한국산 식품을 더 선호한다는 연구 결과가 나왔다. 한국농촌경제연구원은 2월 10일 '베트남 시장 한국산 농식품 구입 의향 결정 요인 분석' 보고서를 발표했다. 이 보고서는 2017년 4월에서 6월까지 하노이와 호치민의 현지 소비자 600명을 대상으로 실시한 설문조사를 기반으로 했다. 이번 조사에 따르면 한국 드라마 시청 경험이 많다는 소비자가 한국산을 사려는 의향은 신선 농산물의 경우 11.1배, 가공식품의 경우 5.6배 각각 더 높았다. 이 외에도 가격 대비 품질을 고려할수록, 한국인 지인이 많을수록, 안전성 관심도가 높을수록 한국산 가공식품에 지갑을 더 여는 것으로 파악됐다.

최근 대한민국 정부는 중국과 미국에 편중된 무역 구도 변화를 추진 중이다. 그 대안이 동남아시아인 아세안을 염두에 둔 '신新남방 정책'이다. 이 정책의 교두보는 베트남이다. 이런 시기에 박항서 감독의 선전은 베트남에 진출한 대한민국 기업에 큰 호재다. 기업들에 대한 이미지 제고는 물론 매출까지 증가하는 효과가 나타나고 있다. 발 빠른 한국 기업들은 박 감독을 광고 모델이나 홍보대사로 활용해 경적인 효과를 톡톡히 보고 있다.

대한민국과 베트남은 경제적으로 긴밀한 관계로 발전했다. 베트남이 포스트차이나로 부상하면서 대한민국의 많은 기업이 앞다투어 베트남 시장에 진출했다. 베트남은 정부 차원에서 각종 혜택을 주며 기업을 붙잡았고 그 결과는 베트남에 많은 양질의 일자리 제공으로 이어졌다.

앞으로 베트남은 대한민국에 보다 중요한 경제적 파트너가 될 것이라는 전망도 있다. 2020년에는 미국을 제치고 2위 수출국이 될 것이라고 한다. 대한민국 정부와 기업은 베트남과 윈윈할 수 있는 방법을 찾아야 한다. 한쪽에만 좋은 관계는 오래가지 못한다. 함께 이익을 주고받을 수 있는 관계가 건강하고 오래간다.

베트남에는 드라마와 가요, 화장품 등 한류가 이미 자리 잡고 있다. 이는 젊은 층을 중심으로 형성되어 있다. 2018년부터는 박항서 감독의 선전으로 대한민국 자체에 대한 긍정적인 물결이 베트남 전반에 흐르고 있다. 박 감독은 많은 정치인과 외교관도 하지 못한 일을 베트남에서 하고 있다.

이미 베트남 국민들은 한국에 대한 긍정적인 이미지를 갖고 한국어에 대한 높은 관심을 보이고 있다. 또 베트남에 진출한 한국 기업에 취업하고 싶어 하는 베트남 인재도 많다. 삼성이나 LG는 세계 IT 시장을 선도하는 회사라는 것을 베트남의 대학생들도 잘 알고 있다. 그들은 한국 기업이 높은 임금을 주는 것에 매력을 느껴 문을 두드리고 있다. 또 한국에 호기심을 갖고 방문하려는 가진 베트남 사람도 많다.

한국인 역시 베트남을 많이 방문하고 있다. 2018년 1월부터 11월까지 310만여 명의 한국인 관광객이 베트남을 방문했다. 이는 전년도 같은 기간보다 46.5% 증가한 수치다. 또 베트남 통계총국은 올해 1월 베트남을 찾은 외국인 관광객이 150만 명을 조금 넘는다고 추산했다. 이 가운데 한국인이 25.9%인 약 39만 명으로 가장 많았다. 베트남에서 한국인 관광객 수가 중국인을 처음 추월한 것이다. 베트남의 유명 관광지인 다낭을 비롯해 후에, 호이안, 꽝남 지역을 찾는 한국인 관광객이 급증하고 있다. 이런 배경에는 박항서 감독의 선전이 중요한 역할을 했다고 베트남 언론은 분석하고 있다.

한쪽만 이익을 보고 다른 한쪽은 손해를 보는 관계는 오래가지 못한다. 대한민국과 베트남은 이미 서로에게 중요한 파트너다. 한류로 대표되는 한국 문화가 베트남 젊은이들에게 인기를 얻으며 깊이 들어와 있고 한국의 많은 기업이 베트남에 진출해 있다. 또 베트남에 진출한 한국 기업들은 많은 베트남 현지인을 고용하고 있다.

나만 돈을 벌고 상대방은 빈손인 사업이란 절대 불가능하다. 상대의 이익을 먼저 생각하고, 한 푼이라도 더 차지하려고 아등바등하지 않는 것이 중요하다. 상대에게 이익이 없다면 내게 돌아올 이익도 없다. 다른 사람이 먼저 이익을 얻도록 양보해야 한다. 그러면 마지막에는 나도 큰 이익을 얻을 수 있다.

-리자청, 청쿵그룹 회장

베트남 국민들은 자존심이 강하고 성실하다. 경제 규모나 소득 수준에서는 한국이 베트남보다 많이 앞서 있다. 그렇다고 하더라도 지금보다 더 베트남 사람들을 존중하고 배려해야 한다. 과거 한국 사람들은 동남아에 방문해 국격을 떨어뜨리는 일을 드물지 않게 했다. 앞으로는 더욱 가까워진 양국 관계를 고려해 조심해야 한다.

2018년 베트남에 불고 있는 박항서 매직. 그 바람은 현재진행형이다. 대한민국과 베트남 양국 관계가 박 감독으로 인해 더 가까워지고 있다. 스포츠는 물론 경제, 문화, 정치 등 많은 분야에서 활발한 교류가 일어나고 있다. 박 감독은 베트남 사람들에게 역대 어느 때보다 한국에 대해 호감을 갖게 만들었다. 또 지난해 양국 사이에 인적 교류도 크게 증가했다. 이것 또한 박항서 매직의 영향으로 생각된다.

2019년에는 베트남의 대표팀과 프로팀에서 박 감독을 비롯한 한국 감독들의 활약이 더욱 기대된다. 한국인 지도자들이 지금처럼 베트남 선수들을 잘 지도하고 베트남 선수들도 선진 기술과 경험을 배울 수 있는 시간이 될 것이다. 감독과 선수들이 혼연일체가 되어 지금보다 더 나은 수준의 플레이로 관중들에게 즐거운 시간을 선물할 것이다. 한국 감독들이 맡은 팀이 좋은 결과를 올리지 못하더라도 베트남 축구가 한 단계 더 성장하길 희망한다.

대한민국과 베트남. 베트남과 대한민국. 양국은 이제 떼래야 뗄 수 없는 관계다. 1억과 5,000만에 달하는 양국의 인구만큼이나 양국 사이에 앞으로 더 희망적인 일들이 많이 생기길 기대한다. 존중과 배려를 바탕으로 서로에 대한 신뢰를 굳건하게 만들기 원한다. 역사의 아픔과 상처를 치유하고 진정한 미래 동반자로 나아가길 바란다.

에필로그

위기를 기회로 바꾸는 지혜

나는 2003년 여름 베트남 호치민을 일주일 정도 다녀왔다. 호치민은 인구 600만의 대도시였다. 많이 더울 때는 40도 가까이 올라가고 습도도 높아 끈적끈적했다. 그런 한증막 더위는 처음이었다. 가는 곳 어디에서나 천장에서 돌아가는 팬을 볼 수 있었다. 도로에는 오토바이가 가득했다. 우리나라의 마티즈와 프라이드 베타가 택시로 달리고 있었다. 한글이 크게 적힌 버스도 보였다. 시내에는 LG와 삼성 등 우리나라 기업의 간판이 눈에 들어왔다. 쌀국수도 먹었다. 특유의 향이 났다. 낯설었지만 깔끔하고 맛있었다. 떠나기 전 벤탄 시장에서는 가방과 모자를 선물로 샀다. 짧은 기간이었지만 베트남을 조금이나마 알아갈 수 있었다.

그로부터 14년 후 박항서 감독이 베트남 땅을 밟았다. 그는 베트남에서 인생 2막을 시작한다. 낯선 땅, 낯선 사람. 보장된 것은 아무것도 없었다. 그동안의 경험과 실력으로 승부를 걸어야 했다. 그는 초반에 어려움을 잘 견뎌내고 베트남에서 지도자로 성공한다. 따뜻하게 다가갔고 절실하게 움직였으며 운까지 따라줬기에 가능했다. 지금은 베트남의 영웅, 마법사, 스승으로까지 불린다.

박 감독에게 오늘의 영광은 가장 어려운 시기를 잘 극복했기 때문에 가능했다. 그의 축구 인생에는 두 번의 결정적인 위기가 있었다. 첫 번째는 대한민국 대표팀의 2002년 월드컵 4강 신화 후 아시안게임 대표팀 감독을 맡았다가 하차한 것이다. 두 번째는 프로팀에서 실업팀으로 옮겨 축구 지도자 생활의 마감을 앞두고 있던 때였다. 첫 번째 위기에서는 프로팀 코치로 들어가 묵묵히 팀에 공헌했다. 두 번째 위기에서는 베트남이라는 새로운 기회에 도전해 놀랄 만한 결과를 만들어 냈다. 그에게는 힘든 시기였지만 가장 많은 것을 배울 수 있었고 가장 크게 성장한 시간이었다.

박 감독은 겸손하다. 이전 대회에서 아무리 좋은 성적을 올렸어도 연연해하지 않고 새로운 대회를 준비한다. 처음부터 하나하나 다시 만들어 간다. 늘 승리하기 위해 무엇을 어떻게 준비해야 하는지 생각하고 행동한다.

그가 지휘봉을 잡고 참가한 대회마다 좋은 결과를 만들어 낼 수 있었던 이유다.

인물에 대한 책을 쓰면서 무엇을 배울 수 있을지 생각했다. 일이 풀리고 성공해서 명예와 부를 얻는 것만이 중요하지는 않다. 삶에서 결정적이었던 시기에 어떻게 대처하고 극복했는지가 가장 주목해야 할 부분이었다. 그런 면에서 축구 감독 박항서의 삶은 충분히 조명해 볼 가치가 있었다.

책을 끝까지 읽어 주신 독자들에게 감사드린다. 박항서 감독처럼 여러분의 삶에 시련이 오더라도 현명하게 대처하길 바란다. 위기를 기회로 바꾸는 지혜를 발휘하길 바라고, 행운이 함께 하길 기원한다. 작가는 앞으로 더 좋은 내용과 생각이 담긴 책을 쓸 것을 약속드린다.

이 책의 출판 제안에 흔쾌히 동의해 주신 북스타출판사 박정태 대표님께 감사의 인사를 드린다. 책을 함께 만들어 주신 출판사 직원 여러분들께도 감사드린다.

책을 쓰며 이번처럼 베트남 음식을 많이 먹어본 적도 없다. 여러 음식점에서 아내와 함께 쌀국수, 분짜 등 베트남 음식을 먹었다. 생각보다 담백하고 입맛에 맞았다. 이미 베트남은 우리에게 가까운 존재였다. 함께 베트남 음식을 먹고 따뜻하고 객관적인 시선으로 좋은 아이디어를 준 아내에게 고마움을 전한다.책을 쓰는데 도움을 주신 이은대 작가님께도 감사함을 전한다.

끝으로 박항서 감독님과 베트남 축구 국가대표팀의 건승을 기원한다. 사랑하는 나의 조국 대한민국 축구 국가대표팀도 언제나 응원할 것이다. 더불어 대한민국과 베트남이 더 가까운 친구가 되어 오랫동안 서로의 밝은 미래를 함께 만들어 가길 희망한다.

참고자료

2장
- 《히딩크 500일의 기록》 정해성, 박용철 저, 컴온스포츠, 2002
- 《CEO 히딩크 게임의 지배》 이동현, 김화성 저, 바다출판사, 2002

3장
- 박항서 감독 "박수칠 때 떠난다? 나는 아직 배고프다", 중앙일보, 2018.12.30
- 박항서 감독, 15년전부터 준비된 지도자의 면모 재조명, 데일리안, 2018.1.21
- 포항 우승 숨은 공신 박항서 코치, 중앙일보, 2004.7.2

4장
- '독종 밧데리' 박항서는 어떻게 베트남의 '사커 파파'가 됐나, 한겨레, 2018.12.16

5장
- '박항서 매직' 베트남... 이젠 '베스트' 투자처?, MBC 뉴스외전, 2018.12.04
- 정해성, 베트남 호찌민시티FC 사령탑 선임, 연합뉴스, 2018.12.27
- 베트남 매체, 비엣텔 이흥실 감독 주목... "유스 육성 기대", 베스트일레븐, 2019.2.18
- "베트남 찾은 최다 외국인 관광객은 한국인"...중국 추월, SBS, 2019.1.31

[방송 프로그램]
- '박항서 매직' 밝히다!, JTBC 〈이규연의 스포트라이트〉, 2018.10.18
- 박항서 감독의 비하인드 토크 스토리(BTS) 전격공개!, SBS 〈가로채널〉, 2019.1.3
- '밧데리' 박항서 베트남의 스승되다, TV조선 〈세븐〉, 2019.2.22
- 우리 형(?)을 위해 준비했어! , MBC 〈궁민남편〉, 2019.4.21

열정이 일류를 만든다

박항서 매직

초판 1쇄 인쇄 2019년 5월 10일
초판 1쇄 발행 2019년 5월 15일

지은이 | 이태우
펴낸이 | 박정태
편집이사 | 이명수
감수교정 | 정하경
편집부 | 김동서, 위가연, 이슬애
마케팅 | 조화묵, 박명준, 한성주
온라인마케팅 | 박용대
경영지원 | 최윤숙

펴낸곳 BOOK STAR
출판등록 2006. 9. 8. 제 313-2006-000198 호
주소 파주시 파주출판문화도시 광인사길 161 광문각 B/D 4F
전화 031)955-8787
팩스 031)955-3730
E-mail kwangmk7@hanmail.net
홈페이지 www.kwangmoonkag.co.kr

ISBN 979-11-88768-16-5 44040
가격 14,000원